浙商大东亚研究文库

《今昔物语集》研究

金 伟 吴 彦 著

上海交通大学出版社

内容提要

本书从《今昔物语集》研究的基础问题出发,论证《今昔物语集》的出典文献《三宝感应要略录》是平安时代末期成立于日本的伪托经,在此基础上,解决了《今昔物语集》卷八和卷十八的欠卷问题,以及僧灵验说话的起始问题,对《今昔物语集》的构成研究具有重大意义。本书纠正了日本古典文学研究中关于"野干"的错误;分析芥川龙之介的小说《罗生门》如何改编《今昔物语集》的《罗城门》故事,并指出芥川龙之介另一篇改编自《今昔物语集》的小说《丛林中》的灵感来源。

本书适合日本文学的研究者及日本文学爱好者。

图书在版编目(CIP)数据

《今昔物语集》研究/金伟,吴彦著. —上海:上海交通大学出版社,2021
ISBN 978-7-313-24790-2

Ⅰ.①今… Ⅱ.①金…②吴… Ⅲ.①佛经-故事
Ⅳ.①B94

中国版本图书馆 CIP 数据核字(2021)第 045985 号

《今昔物语集》研究
《JINXI WUYU JI》YANJIU

著　　者:金　伟　吴　彦
出版发行:上海交通大学出版社　　　　　　　地　　址:上海市番禺路 951 号
邮政编码:200030　　　　　　　　　　　　　电　　话:021-64071208
印　　制:苏州市古得堡数码印刷有限公司　　经　　销:全国新华书店
开　　本:710mm×1000mm　1/16　　　　　印　　张:12
字　　数:187 千字
版　　次:2021 年 3 月第 1 版　　　　　　　印　　次:2021 年 3 月第 1 次印刷
书　　号:ISBN 978-7-313-24790-2
定　　价:88.00 元

　　《今昔物语集》分天竺(印度)、震旦(中国)、本朝(日本)三部,共有 31 卷、1040 则故事,是日本规模最大的说话集。日本的说话文学是指集录神话、传说、民间故事的文学作品,从广义上来说,包括日本上古时代的《古事记》《日本书纪》《风土记》中的叙事文学内容,通常是指平安时代到室町时代的说话集,是日本古典文学的主要体裁之一。

　　日本最早的说话集是平安时代初期集成的《日本灵异记》,此后陆续出现了《三宝绘词》《今昔物语集》《宇治拾遗物语》《古今著闻集》《十训抄》《古事谈》《宝物集》《沙石集》《神道集》《三国传记》等作品,这些说话集包含叙事、传奇、寓言等要素,内容上大体分为佛教说话和世俗说话。世俗说话展现了平民的日常生活实态,具有一定的史料价值。

　　日本说话文学的概念对于中国读者来说比较陌生,但是在世界文学之林中并不孤单。

　　在中国古典文学中,与日本说话文学相对应的作品是南北朝时期兴起的志怪小说。南北朝时期,先后出现了三十余部志怪书籍,但是后来全部散佚了。现在所见到的志怪小说是后人收集整理成册的,很难把握这些书籍的原貌。而中国唐代的《冥报记》《金刚般若经集验记》《弘赞法华传》《法华传记》以及朝鲜半岛新罗国的《法华经集验记》等佛教验记类作品,则直接催生出日本的说话文学。

　　印度的同类作品在内容和形式上对东西方诸国产生了巨大影响,可以说是说话文学的源头。印度的说话文学起源于古婆罗门文献中的故事,在两大叙事诗《摩诃婆罗多》《罗摩衍那》的神话传说中也有很多说话文学故事。将说话故事收集成册的是佛教徒们编撰的《佛本生谭》和婆罗门文人们编撰的《五卷书》，它们都以寓言为主，宣扬佛教和婆罗门教的世界观及伦理。《故事海》《僵尸鬼故事》《宝座故事》《鹦鹉故事》等作品则是以世俗故事为主的说话文学集。

埃及古代说话文学起源于口头创作，有《能说善道的农夫的故事》《赛努希故事》《遭难水手的故事》《两兄弟的故事》《倒霉的王子》《占领尤巴城》《关于真理和非真理的故事》《威纳蒙旅行记》等作品。埃及古代说话文学既有写实的一面，也包含各国民间文学所共有的古老传说，在题材上对古代希腊文学、科普特文学、中世纪东方文学产生了深远的影响。

欧洲文学中也有大量的同类作品，如古罗马的《变形记》，希腊的《神谱》《伊索寓言》，意大利的《十三个愉快的夜晚》《五日谈》，主要流传于威尔士、苏格兰、爱尔兰等地的《凯尔特神话》，法国的《莱歌》《鹅妈妈童话故事》，德国的《格林童话》，挪威的《太阳以东月亮以西》，俄罗斯的《飞船历险记》等，不胜枚举。欧洲的说话文学作品不局限于散文体，还有很多诗歌体形式的作品。当然，还有流传于中近东诸国的《一千零一夜》，而《今昔物语集》的故事数量超越了这部巨著。

日本学者片寄正义大略归纳出上述说话文学的特点，他认为："印度是宗教的，北欧是哲学的，希腊是社会的，中国是神仙的。日本说话文学的特点是什么？要解决这个问题，《今昔物语集》是最有力的线索。"

《今昔物语集》以佛教的产生与流传为主要脉络，受印度说话和中国说话的影响，具有宗教说话的特点。同时，《今昔物语集》还有大量世俗说话，兼具北欧说话的哲学性和希腊说话的社会性特点，是比较文学研究的宝贵资源。

目前，我国的《今昔物语集》研究尚处于起步阶段，希望拙著能够抛砖引玉，并恳请识者批评指正。

金 伟 吴 彦

2021 年 2 月 3 日于蓉城

　　《今昔物语集》以佛教故事为中心,从释迦牟尼诞生的古印度,经过丝绸之路到中国,到朝鲜半岛,到日本列岛,描绘了一幅灿烂辉煌的古代东亚文明的画卷,足以和《源氏物语》这样的巨著媲美。

　　《今昔物语集》分门别类收集了一千多个故事,是一座极为丰富的文学宝库。日本作家芥川龙之介的历史小说大多直接取材于《今昔物语集》里的故事,像《鼻子》《芋粥》《罗生门》《丛林中》《运》《往生绘卷》《好色》《偷盗》《六宫的姬君》等这些脍炙人口的佳作,很早就被鲁迅等人翻译介绍到了中国。黑泽明将芥川龙之介的小说《丛林中》改编成电影,借用了另一篇小说的名字,这就是让黑泽明蜚声世界的影片《罗生门》。

　　《今昔物语集》是日本文学最主要的源头之一,也是世界文学中的宝贵财富。有的故事类型在丝绸之路上的壁画和残卷里能够找到,甚至能追溯到波斯、阿拉伯、希腊、罗马,在比较文学世界中不可或缺,极为珍贵。

　　《今昔物语集》中的每个故事都从"今昔"两个字开始,是"今昔"的"物语"(故事)之"集"。究竟是谁,具体在什么时间,出于什么目的,用什么方式收集编撰了这么多的故事? 关于这些问题日本学界众说纷纭,还没有确切的定论。

　　虽然成文的年代不详,但根据故事发生的年代和出场人物的生存年代,以及引用文献的成文年代和舶来年代,可以推断出成文年代的上限为保安元年(1120),其下限虽然没有更为确凿的依据,但可以推断在保元之乱(1156)以前。另外,《今昔物语集》中有很多处欠文和欠话等,没有最终完成,也无法说清具体完成的年代。

　　《今昔物语集》的笔者集编撰、创作于一身,称为作者(芥川龙之介称为作者)还是编撰者是个很棘手的问题。由于这部作品是按创意和地域汇编成创意"集"的,因此称为编撰者比较妥当。可是不管称为什么,都不知道具体是谁,也无法确定是一个人还是两个人以上。从《今昔物语集》使用的特殊的汉和混淆文体来看,可以肯定编撰者是男性,是贵族还是僧侣有争论。以前有源隆国说,近来有东大寺的觉树说、兴福寺的藏俊说、源俊赖说、大江匡房说、觉鍐说、以白河院为中心的僧俗集团说、与延历寺关系密切的藤原氏或橘氏出身的出家人说等各式各样的说法,但这些说法都经不起推敲,眼下只能说编撰者不明。

　　《今昔物语集》在日本属于"说话文学"的分类。"说话文学"一词在中国通常不使用。例如,《中国文学大辞典》(天津人民出版社,1991)中没有"说话"或"说话文学"的条目。当然,"说话"一词自古就有,用在日本的"说话文学"中含有名词的意思。《汉语大词典》第 11 卷"说话"的词义中有"⑥即近代的说书"这样的说明,引用了鲁迅《中国小说史略》第十二篇"说话者,谓口说古今惊听之事,盖唐时亦已有之"。同条⑦还举了"话本"的意思,设置了"说话人""说话的""说话客"的条目,这在日本称为"话艺",相当于讲故事及民间说唱艺术的脚本和说书人等,不包含严格意义上的"说话"的意思。

　　在日本,使用和现在几乎意思相同的"说话"一词,是从 20 世纪初开始的。《帝国文学》杂志从 1899 年(明治三十二年)开始到 1901 年,刊载宗教学者妹尾正治和神话学者高木俊雄间的以素笺鸣尊为中心的神话论争,在这场论争中开始使用"说话"一词。在一般意义上使用"说话文学"这一概念的是 1913 年(大正二年)6 月和 1921 年(大正十年)4 月刊行的芳贺矢一的《考证今昔物语集》(富山房),和 1923 年(大正十二年)12 月刊行的野村八郎的《镰仓时代文学新论》(明治书院),其中使用了"说话集""说话文学"这样的词。此前的文学史中,"说话集"权且用"杂史"这一名称来概括记述。此后,"说话文学"的概念开始普及,现在它包含"神话、传说、昔话、世间话、逸话、打闻话、怀旧谈、历史话、有职话、佛教话、诗歌话、艺能话、童话及其他"(《日本古典文学大辞典》"说话文学"条目,岩波书店)等丰富多样的内涵。

　　在日本,"说话"一词从古代就使用。圆珍的《授决集》(元庆八年,884)中能见到"唐人说话"的最初用例。这里的"说话"用作动词,是"说来听"的意思,从这以后到近代以前的用例多作为动词"说明""说"的意思来使用,和汉语的用法相同。可是,现在统称为"说话集"的书籍有以下各种样式的名称。"说话"已经不是涵盖性的概念,而是为了符合各自的内容、写作目的、成立情形等附加的书名。

日本说话集成立的初始阶段,不论名称还是内容受中国同类书籍的影响很深,形式上也模仿。《日本国现报善恶灵异记》受中国的《冥报记》,《大日本国法华经验记)受《法华传记》的影响显著。作为两个范本,《冥报记》和《法华传记》是在向俗人传播佛教的俗讲场合,为了阐明教义而论说的实例,是比喻因缘谭的集成。《日本国现报善恶灵异记》《大日本国法华经验记》也是为了同样的目的编撰的。但是,这些不是单纯的模仿,从书名可以看出有收集各种新的日本的事例的意识。这些和模仿中国史书作成的《日本书纪》《日本后记》《续日本后记》有相同的命名意识。

这些初期的"说话集"受中国书籍的形式、内容影响很大,但到平安后期(12世纪),不但有关于佛教的话题,还出现了收集各种世俗故事的"说话集"。这些书籍中记录下来的多为贵族及僧侣间称为"杂谈"的话题,不能保留的会话遇到一定的机会被谈论,如字面那样内容繁杂。这些被附上名称,即使和中国的形式名称相同,但已经表示别的意思。比如"抄"不是"抄录",是笔记自传体的意思;"集"是集积短资料的意思,和四库分类的"集"的意思不同。这些"集"和"物语"充分反映了"说话"的本质,称之为狭义的"说话集"更为合适。

"物语"一词在成书于8世纪后期的《万叶集》中已经能够见到。关于其发生的契机有各种说法,还不明确。主流观点认为它是平安时代"叙事内容在一定程度上成系统的故事"。这个词作为书名首先是《竹取物语》使用的。这部物语的内容和中国传奇志怪小说相似,而《源氏物语》《狭衣物语》以描写王朝贵族的恋爱生活为中心,已经向虚构小说变化。这些被称作"创作物语",几乎是描写主人公生涯的长篇,其中有的截取一部分,是用与近代短篇小说相近的技法写成的短篇集(《堤中纳言物语》)。物语还包括以和歌的构想为中心的抒情短篇集的"歌物语",这些短篇物语在篇幅上与《宇治拾遗物语》《今昔物语集》的各话没有区别。可是,从文学研究上来说,"说话"和这些"创作物语(fiction)"有明显的性质上的差别。

"说话文学"的特征可以概括为以下四个方面。

第一，从形式上看是笔录下来的短篇。从这一点上来说，是被口诵传承的"昔话""传说"；从形态上来看，严格地说，应将其看作"传说文学"。另外，长篇物语也不是说话文学。

第二，各说话的内容从最初出现到被多次传承（口承、笔承）而变质，不能将各说话的特征归为由特定的个人创作。也就是说，各说话记录了具有外在形式和描写特征的世上的传闻。说话的笔录者在其说话中没有作为创作主体的责任，对自己来说只是传达别的世界的事情和他人的事情。这被称为"传承的性质"。

第三，那些被传承下来的应是稀有和奇异的内容。只以题材的奇异性（所谓志怪的性质）为中心，其内容大多具有奇异稀有、直触人生微妙之处的特征。除了一部分昔话，说话被作为事实取信于人。读说话集的普通人一旦接触到说话，便不认为是编造的东西，而是作为事实来接受，为事件超越常识的新奇和不可思议而震惊，接着超越说话中设置的特定时间和空间，与登场人物共同体验抛弃掩饰的行动及性格，并再次感到震惊。这是近代短篇也具有的相同的特征，其决定性的不同之处在于，短篇小说描写的珍奇和不可思议性突出反映了作者具有个性的见解，而说话因为传承而消去了个性，其珍奇稀有的性质建立在大众共有的看法之上。

第四，说话不单纯传达事件的珍奇，更多情况下以各种教训为目的。说话集大多将佛教的说法及俗世间的教训的例证、年中节日里贵族行动规范的先例结集编成，各说话的末尾多附有教训的言词。

从上述说话集的名称中可以看出，说话集成书年代大多集中在12—13世纪，这期间由于多重历史社会条件相叠并生，因此出现了大量的佛教说话集和世俗说话集。一个原因是，随着王朝制度的成熟，先行事例被作为行动原理被重视，与其相关的逸话成为兴趣的对象；另一个原因是，人们开始对已经成熟的都城中平凡的日常生活感到无聊，开始注目异域的奇异事物及人物，进而关注人们日常的想法及行动中潜藏的愚蠢性，并产生了将其作为笑料的闲情逸致。

《今昔物语集》正是这一时期编撰的说话集，收集的说话种类最多、数量最大，并有组织地进行分类排列。《今昔物语集》中的天竺、震旦、本朝是当时日本认识到的全世界的地域,收集各区域的说话,从佛教的视点划分成佛法、世俗等进行排列,可以说是 12 世纪的说话百科全书。我们从这个说话集能够接触到历史书上无法看到的 12 世纪都城人们的世界观、真实的生活和心灵的表现①。

《今昔物语集》的内容构成如下:

全书由天竺(印度)、震旦(中国)、本朝(日本)三部组成,这三国都是弘传佛教的国家,也是当时的日本人观念中的世界全域。书中不仅仅收录了本朝(日本)的说话,还收录了天竺(印度)、震旦(中国)的说话,编撰者的目的是想让本书显示出超乎寻常的权威。

下面简单介绍一下《今昔物语集》31 卷(卷八、卷十八、卷二十一欠卷)各卷的内容。

天竺部为 5 卷(卷一至卷五)。

卷一(38 话)最初的 8 话是释尊诞生、成道、说法的故事;第 9～16 话是与释尊及其弟子相关的故事;第 17～38 话是关于人们出家、皈依的故事,收集了佛教从创始到教团成立的说话。

卷二(41 话)最初的 2 话是释尊父母的故事;第 3～41 话以释尊说法、教化为主。

卷三(35 话)最初的 6 话是佛弟子们的故事;第 7～12 话是异类、畜生的故事;第 13～27 话是转生、教化、闻法等故事,都是释尊在世中的救济说话;其后的第 28～35 话是关于释尊入灭的故事。以上 3 卷是释尊在世中的故事,之后是释尊入灭后的故事。

卷四(41 话)收录了释尊入灭后的佛教说话。第 1～22 话以释尊的弟子等在释迦入灭不久后所经历的事迹为中心;第 23～41 话以释尊入灭很久后的故事为中心。

卷五(32 话)是以世俗说话为中心。第 1～6 话是国王、王后的故事;第 7～12 话是本生谭;第 13～32 话是动物及其他的故事。

从卷六至卷十是震旦部,其中卷八为欠卷。

卷六(48 话)的最初 10 话是佛教传入中国的说话;第 11～30 话是诸佛的

---

① 上述关于说话文学的概念及特征参考村上学教授为金伟、吴彦译《今昔物语集》所作的序文。

灵验说话;第31～48话是诸经的灵验说话。

卷七(40话)的第1～40话仍然收录诸经的灵验说话。

卷八欠失,可以认定是准备收录诸菩萨、诸僧的灵验说话。

卷九(46话)以因果报应为中心,最初的14话是孝养说话;以下32话是转生、杀生、冥界、现报等的说话。

卷十(40话)以世俗说话为中心。最初的8话是国王、王后的说话,以下的32话是贤人、仙人、武人、学艺、风雅、智略等的说话。

从卷十一到卷三十一为本朝部,其中卷十八和卷二十一为欠卷。

卷十一(38话)最初的12话是佛教传入日本的说话,以下的26话是诸寺缘起的说话。

卷十二(40话)最初的2话是诸塔缘起的说话,第3～10话是诸法会缘起的说话,第11～24话是诸佛的灵验说话,第25～40话是《法华经》的灵验说话。

卷十三(44话)接续前卷,44话都是《法华经》的灵验说话。

卷十四(45话)最初的29话接续前卷,是《法华经》的灵验说话,可以看出对《法华经》非常重视;第30～39话是其他诸经的灵验说话;第40～45话是修法、陀罗尼的灵验说话。

卷十五(54话)的54话都是往生说话。当时,净土信仰十分盛行,这些往生说话可以看作是这一现象的反映。

卷十六(40话)的40话都是观音菩萨的灵验说话。

卷十七(50话)的最初32话是地藏菩萨的灵验说话,第33～41话是其他诸菩萨的灵验说话,第42～50话是诸天的灵验说话。

卷十九(44话)的最初18话是出家机缘的说话,第19～22话是恶因恶果的说话,第23～44话是善因善果的说话。

卷二十(46话)的最初14话是天狗及野猪的说话,第15～19话是冥界的说话,第20～46话是因果报应的说话。

以上是佛教卷。从卷二十二开始是世俗的故事。

卷二十二(8话)的8话都是与藤原氏相关的说话。

卷二十三(26话)的第1～12话欠失,第13～16话是关于武艺的说话,第17～25话是力士、相扑的说话,第26话是竞马的说话。

卷二十四(57 话)的第 1～6 话是工艺、技能的说话,第 7～12 话是医术的说话,第 13～22 话是阴阳道、相、算术的说话,第 23～24 话是音乐的说话,第 25～30 话是汉诗的说话,第 31～57 话是和歌的说话。

卷二十五(14 话)的 14 话都是关于武士的说话。

卷二十六(24 话)都是关于宿报的说话。第 1～18 话是善报说话,第 19～24 话是恶报说话。

卷二十七(45 话)的 45 话都是关于灵鬼、怪异的说话。

卷二十八(44 话)的 44 话都是滑稽说话。

卷二十九(40 话)的第 1～30 话是恶行的说话,第 31～40 话是关于动物的说话。

卷三十(14 话)的 14 话都是关于男女恋爱及夫妇的说话。

卷三十一(37 话)汇集以上 30 卷中没有收录的纷杂的故事。

《今昔物语集》全 31 卷,关于天竺(印度)、震旦(中国)、本朝(日本)的三部构成是怎样组织起来的,国东文麿著《今昔物语集成立考》中有详细说明,可作为参考①。

一千多个丰富多彩的故事是如何取材完成的,这是《今昔物语集》的先行研究者们最关心的问题之一。芳贺矢一在大正十年(1921)完成出版的《考证今昔物语集》,对其出典和取材作了空前的考证,为以后的研究打下了坚实的基础。《今昔物语集》的出典包含了大多数汉译佛教经典,还有经书、史书、诸子、诗文小说等汉籍,如《法苑珠林》《经律异相》《史记》《汉书》《三宝感应要略录》《冥报记》《孝子传》《庄子》《韩非子》《白氏文集》《蒙求》《搜神记》等,当然还包括日本的史传、歌集、物语、说话集、随笔等文献,如《日本灵异记》《三宝绘》《日本往生极乐记》《大日本国法华经验记》《智证大师传》《性空上人传》《金刚峰寺修行缘起》《清水寺缘起》《将门记》《陆奥话记》《江谈抄》《俊赖髓脑》《注好选》《古本说话集》,以及源隆国编的已经散佚的说话集《宇治大纳言物语》等。涉猎如此庞大的文献,一定有政治和经济等方面的背景。但这些文献有的是直接取材,有的是间接引用,也并非庞大得无法想象。

虽然《今昔物语集》取材于多种文献,但是其自身是极具特色的说话集,

---

① 上述关于《今昔物语集》的构成内容参考石桥义秀教授为金伟、吴彦译《今昔物语集》所作的序文。

这与编撰者对素材的把握和发挥有关。一千多个故事,从佛、菩萨、僧人到神灵鬼怪,从帝王将相到乞丐盗贼,再到士工农商医卜巫觋、诗琴书画等,包罗万象,几乎涵盖了当时日本人所认识的时空。

《今昔物语集》有很多传本,都以京都大学附属图书馆藏的平安末期至镰仓初期的写本铃鹿家旧藏本为祖本,这是最好的善本,但是这个写本只保存下来卷二、五、七、九、十、十二、十七、二十七、二十九等9卷,其他各卷由别的写本补充。除了铃鹿家旧藏本外,主要的写本有实践女子大学的黑川家旧藏本和东京大学国语研究室的红梅文库旧藏本等。目前为止所有的活字本都是根据这些写本校订而来。现在主要的印刷版本有芳贺矢一的《考证今昔物语集》(三册,富山房,1913—1921),山田孝雄、山田忠雄、山田英雄、山田俊雄父子的岩波《日本古典文学大系·今昔物语集》(四册,岩波书店,1959—1963),今野达、小峰和明、池上洵一、森正人的岩波《新日本古典文学大系·今昔物语集》(五册,岩波书店,1993—1999),马渊和夫、国东文麿、稻垣泰一的《新编日本古典文学全集·今昔物语集》(四册,小学馆,1999—2002)等。

本书分为八章,着重分析了《今昔物语集》的孝子谭,《三宝感应要略录》的撰者,《冥报记》在《今昔物语集》中的位置,《今昔物语集》卷八和卷十八的欠卷问题,《今昔物语集》僧灵验起始问题,《今昔物语集》中的"野干"之意,《今昔物语集》的地狱、冥界故事,芥川龙之介的小说《罗生门》与《今昔物语集》的关系等。这些都是《今昔物语集》研究的基础问题,笔者意在抛砖引玉,恳请识者批评指正。

金 伟 吴 彦

2020 年 6 月

目 录

《今昔物语集》研究史

　　关于《今昔物语集》的研究已经有上百年的历史。明治时代开始的《今昔物语集》研究，一直被继承下来，至今优秀成果层出不穷。但是，关于其撰者、欠卷、题名、出典、构成等诸多问题依然没有解决。

　　围绕上述诸多难题，先行研究者们首先根据与《今昔物语集》文本相关的典籍，以及与其成立年代相近的文献进行考证式的研究。

　　《今昔物语集》正式的考证研究是由冈本保孝的《今昔物语出典考》开始的。在这本书中，冈本保孝汇总了狩谷棭斋、伴直方、木村正辞的研究成果。狩谷棭斋堪称近世考证学者的第一人者，除了《今昔物语集》之外，还从事《日本灵异记》《古事谈》《十训抄》《续古事谈》《古今著闻集》等的考证研究。

　　片寄正义最先详细整理了《今昔物语集》的研究史①，他在《今昔物语集的研究》第一编第一章中，将《今昔物语集》的研究历史划分为明治、大正、昭和三个时期。

　　根据片寄正义的研究，明治中期以前，没有正式的《今昔物语集》研究，只有一两篇关于解题的文章。明治后期开始，逐渐出现引人注目的论文，这期间的《今昔物语集》研究是从作者、书名、成立时间、出典等基本问题开始的。佐藤诚实②、藤冈作太郎③、和田英松④、坂井衡平⑤、中岛悦次⑥等人的研究，都

---

① 片寄正義『今昔物語集の研究』上，芸林舎刊，1974 年。
② 佐藤誠実『宇治拾遺物語考』，『史学雑誌』十二編十二号，1901 年。
③ 藤岡作太郎『今昔物語選』「解題」，明治三十六年。
④ 和田英松『今昔物語解説』，『国学院雑誌』第十巻第二号，1903 年。
⑤ 坂井衡平『今昔物語集の新研究』，誠之堂書店，1923 年。
⑥ 中島悦次『宇治拾遺物語新釈』，大同館書店，1928 年。

与源隆国以及《宇治拾遗物语》《宇治大纳言物语》等相关。尤其是关于作者的研究,片寄正义在《今昔物语集的研究》中指出,是林道春之子林恕最先误认为源隆国是《今昔物语集》的作者,并指出佐藤诚实和藤冈作太郎也主张《今昔物语集》的作者是源隆国,是源隆国著作说的代表人物。此后,和田英松、坂井衡平、中岛悦次强调,《今昔物语集》中有源隆国去世后的文献,是反对源隆国著作说的有力证据。关于这个问题,菊地久吉在《今昔物语集作者考》中批驳了佐藤和藤冈的学说,令人遗憾的是,此后菊地说并没有引起学界的关注。

到了大正时期,出现了两部《今昔物语集》研究的力作,即芳贺矢一的《考证今昔物语集》(大正二年至十年,1913—1921)和坂井衡平的《今昔物语集的新研究》(大正十二年,1923)。芳贺矢一集中于出典研究,以冈本保孝的《今昔物语出典考》为基础,考证尚未考证出来的说话。坂井衡平的《今昔物语集的新研究》由序论、外部批评、内部批评、系统批评四个部分组成,采用文本研究和文学研究的方法。

在第一编的"外部批评"中,坂井衡平论述了文本的状态,并赞成非源隆国著作说,还对《宇治大纳言物语》和《今昔物语集》加以区别,关于这两本书的关系,沿用了上述菊地说。上述论述如同路标,将《今昔物语集》研究指向重视文本研究的道路。

在第二编的"内部评论"中,坂井衡平首先对《今昔物语集》的说话进行分类,由此分析作者的思想、兴趣、信仰、修辞论、说话性、宗教性、史实性、社会性、价值论等,为后来的研究打下了基础,具有重要的学术意义。

在第三编的"系统批评"中,坂井衡平利用历史和系统的方法,确立了日本文学的四大系,将《今昔物语集》归为第四系统的"佛教文学系统",但是并未引发学界的反响。

从大正时代的后期进入昭和时代,《今昔物语集》研究登上了新的台阶,研究者从各种角度审视《今昔物语集》,开始利用分析的方法进行缜密的研究。首先,研究初期阶段的作者、成书时间、题名、出典等主要论题继续作为争论的焦点,广泛收集平安时代的相关资料以及其后的文献史料,与文本内容进行比较,在设定具体关系的基础上,试图判定缠绕着《今昔物语集》的不明问题。

在这个时期,雨宫尚治在《今昔物语集名称考及其他》①中,追溯了近世以前,《今昔物语集》的名称为何容易与《宇治拾遗物语》(15 卷本)、《宇治大纳言物语》(3 卷本)、《世继物语》(1 卷)混同的渊源。雨宫尚治参照佐藤诚实、菊地久吉、坂井衡平、岛田退藏、山岸德平、酒井金次郎等前人的学说,指出在镰仓时代,《宇治大纳言物语》的书名是指《今昔物语集》,另有一部《宇治大纳言物语》的佚书,到了近代,井泽长秀刊行了《今昔物语集》部分内容以后,《今昔物语集》才成为通称。

关于《今昔物语集》的成书时期,平田俊春在《论大镜与今昔物语的关系并再论大镜的著作年代》②中,对照《大镜》和《今昔物语集》的类似文本,指出两者间有直接引用的关系,比较了两者的笔法以及两者引用文献的态度,对比结果是《今昔物语集》在先,《大镜》在后。平田俊春在此基础上指出,《今昔物语集》成书于长久年前后,由于被长久三年(1042)成书的《打闻集》引用,因此最迟是在此之前成书的。此后,平田俊春在《关于今昔物语成立的备忘录》中,论及《今昔物语集》和《俊秘抄》的关系,并介绍了酒井金次郎的学说。

《今昔物语集》的出典研究历来是重要的研究分野,始于狩谷棭斋,芳贺矢一尤其倾力于出典考察。昭和时代,《今昔物语集》的出典研究取得了前所未有的业绩。昭和初期,岛田退藏在《今昔物语研究》③的出典研究部分中论及《今昔物语出典考》和《考证今昔物语集》中没有提及的出典。同一时期,小野玄妙在《现代佛教》杂志第四十六、四十七号上发表了《佛教文学研究的基调》,指出《今昔物语集》与《三宝感应要略录》有直接关系,尤其提及《三宝感应要略录》撰者非浊的传记,指出《三宝感应要略录》是在源隆国去世后成书的,因此《今昔物语集》不可能是源隆国所著。此后,岩渊悦太郎发表了《今昔物语和冥报记》④,指出《今昔物语集》震旦部说话大多基于《冥报记》,并指出《今昔物语出典考》和《考证今昔物语集》的错误,认为芳贺矢一认定为出自《法苑珠林》的几则说话实际上出自《冥报记》。关于这个问题,片寄正义在

---

① 雨宫尚治『今昔物語集名称考その他』,『大谷学報』第十七卷第四号,1936 年。

② 平田俊春『大鏡と今昔物語との関係を論じて再び大鏡の著作年代に及ぶ』,『国語と国文学』第十号・第十一号,1937 年。

③ 岛田退藏『今昔物語研究』,『新潮社日本文学講座』第十四卷,1928 年。

④ 岩渊悦太郎『今昔物語と冥報記』,『国文学誌要』第三卷第一号,1935 年。

《今昔物语集的研究》中推测,还有比高山寺本《冥报记》略多几则说话的写本。通过对前田家本《冥报记》的研究,片寄正义的推测得到验证。

另外,关于《今昔物语集》的撰者,片寄正义在《今昔物语备忘录——关于小野博士说》①中指出,根据《三宝感应要略录》撰者非浊新的传记资料显示,只依靠小野玄妙的资料,并不能证明其非源隆国著说。

昭和十年(1935)以后,《今昔物语集》的研究领域更为开阔,《古典研究》第三卷第十三号的"今昔物语特辑号"(昭和十三年,1938)和第五卷第八号(昭和十五年,1940)的"今昔物语主题号",在上述的平田俊春和佐藤谦三的论文之外,还有大和田继治的《今昔物语杂考》、林顺的《今昔物语中出现的上代时势妆》、山岸德平的《今昔物语的价值》、冈一男的《由小说史看今昔物语集》、川崎庸之的《今昔物语管见》等论文。

昭和十六年(1941)2月,《国文学解释和鉴赏》第五十七号以"日本文学的说话性"为主题,特辑了诸家的论文。其中,岩渊悦太郎在《说话文学的用语》中,将《今昔物语集》的用语和文体与原典进行了比较,着重分析了格助词"を"、推量助词"む",指出应该注意《百座法谈》《打闻集》《东大寺讽诵文》等国语资料。森本治吉在《今昔物语的世界》中指出,《今昔物语集》摄取的素材与先前的贵族文学不同,不仅是"物哀"的世界,还暗示意欲、行动、理智的新时代及其文学已经到来,表达出比个人思维更为切实的现世的世相,描绘出诸阶层丰富多彩、生动活泼的人物形象,既记录了奇闻异事,也阐释了佛性②。

后藤兴善的《西鹤的说话文学》③一文,在分析西鹤作品中的说话文学性时,论及《今昔物语集》的重要性,指出西鹤作品中有很多源自《今昔物语集》的脉络。

这一时期,片寄正义在发表系列论文的同时,完成了《今昔物语集论》和《今昔物语集的研究》(上)。

第二次世界大战后,学者们沿袭先前的研究,并进行严密的考证,不仅夯实了《今昔物语集》研究的基础,还成为继续向前迈进的动力,由山田孝雄父子们完成了《日本古典文学大系》本《今昔物语集》(1959—1963)。

---

① 片寄正義『今昔物語覚書——小野玄妙博士説について』,『文学』第七巻第九号,1939年。
② 森本治吉『今昔物語の世界』,『国文学解釈と鑑賞』第五十七号,1941年。
③ 後藤興善『西鶴の説話文学』,『国文学解釈と鑑賞』第五十七号,1941年。

国东文麿继《日本古典文学大系》本《今昔物语集》之后,提出了独自的组织论,指出《今昔物语集》"两话一类"形式的说话配列源自《三宝感应要略录》①。另外,他还对震旦部的所有说话做了注释翻译②。

另一方面,今野达③、野口博久④、山口佳纪⑤等人主张应该将《法苑珠林》《经律异相》从《今昔物语集》的出典中排除。今野达指出,《孝子传》《俊赖髓脑》《注好选》是《今昔物语集》的出典文献。尤其是关于《注好选》的出典问题有各种学说,但是随着东寺观智院本《注好选》的刊行,《注好选》最终被认定为《今昔物语集》的出典文献。

20世纪的五六十年代,川口久雄通过与中国文献的关联,论及说话文学盛行的原因⑥。70年代开始,新锐学者森正人⑦和小峰和明⑧开始登场,进行较为独特的研究。森正人的《今昔物语集的生成》,提出了"不整合""相克""背驰""内部矛盾"等问题,指出《今昔物语集》的生成本质是其语言行为包含的纠葛与矛盾的现实化过程中,在进行对抗中生成的。小峰和明提出了"佛法、王法相依论",认为《今昔物语集》的构造基底中有佛法、王法相依的思想。关于震旦部的构造,森正人和小峰和明都认为与天竺部有关。

以上提及的是《今昔物语集》的研究著作和论文。另外,应该特别提及的是有关《今昔物语集》研究的各种索引、论文目录等成果。最早的相关成果是平林治德等人的《日本说话文学索引》(日本出版社,1943)。此后,有川口久雄的《今昔物语集关系研究文献目录》(《文学》,岩波书店,1955)、田口和夫和中野猛的《说话文学研究总览》(《国文学》,学灯社,1958)、河内山清彦的《说话文学研究文献分类目录》(《国语和国文学》,至文堂,1962)、马渊和夫监修的《今昔物语集文节索引》(笠间书院,1964—1981)、志村有弘的《说话文学研究文献目录》(《解释和鉴赏》,至文堂,1962)、中野猛的《说话文学关系文献目

---

① 国東文麿『今昔物語集成立考』,早稲田大学出版部,1962年。
② 国東文麿『今昔物語集』,『講談社学術文庫』,講談社,1983年。
③ 今野達『今昔物語集の成立に関する諸問題』,『解釈と鑑賞』,1963年。
④ 野口博久『説話の変容』,『国語研究』,1968年。
⑤ 山口佳紀『今昔物語集の形成と文体』,『国語と国文学』,1968年。
⑥ 川口久雄『今昔物語集と古本説話集について』,『文学』,1955年。
⑦ 森正人『今昔物語集の生成』,和泉書院,1986年。
⑧ 小峯和明『今昔物語集の形成と構造』,『笠間叢書』192,笠間書院,1985年。

录》(《说话文学研究》,1969—1975)、石桥义秀的《今昔物语集研究文献总览》(《佛教说话研究》附篇,1974)等。20 世纪 80 年代以后,马渊和夫的《今昔物语集自立语索引》(笠间书院,1982)和《今昔物语集汉字索引》(笠间书院,1984)、大村诚一郎的《今昔物语集研究文献目录》(《讲座平安文学论究》第四辑,风间书房,1987)、中野猛的《说话文学关系文献目录》(《今昔研究年报》,1987—1991)等,都是重要的文献关系目录书。

进入 21 世纪,《今昔物语集》研究有几项重大突破。首先,笔者于 2010 年论证《今昔物语集》的重要出典文献《三宝感应要略录》是平安时代末期成立于日本的伪托经。其次,在此基础上,笔者解决了《今昔物语集》卷八、卷十八的欠卷问题,以及僧灵验说话的起始问题。高桥贡先生一直致力于《今昔物语集》的撰者研究,并取得了进展。关于 21 世纪《今昔物语集》研究的各种书籍、论文目录,请参考本书附录,可以更为详细地了解目前研究的新进展。

第一章

《今昔物语集》的孝子谭

　　《今昔物语集》是日本最大的说话集，通常认为成书于平安末期。《今昔物语集》共有 31 卷，由天竺（印度）、震旦（中国）、本朝（日本）三部组成。天竺、震旦、本朝这三个国家，对当时的日本人来说，意味着整个世界。《今昔物语集》的出典研究，特别是震旦部的出典研究，一直是研究者关注的领域。本章通过对《今昔物语集》卷九中的孝子谭的分析，探讨这些说话可能的来源并在此基础上进一步弄清《孝子传》说话和《冥报记》说话在卷九中的配置，从而探明《今昔物语集》卷九的构成意图。

一、《今昔物语集》的构成

　　《今昔物语集》是日本文学史上最大的说话集。它的成书时间不精确，但是从所收录故事的传说年代、登场人物的生存年代以及引用文献的成文年代、传入日本的年代等，可以推测其成书的上限为保安元年（1120），下限为"保元之乱"时期（1156）。与其他的日本说话作品不同，《今昔物语集》中有欠文、欠话、欠卷等诸多问题，应该称作未完成的作品①。其编撰者情况不详，以前有研究者曾提出过源隆国说、东大寺觉树说、兴福寺藏俊说等，近年又有人提出了法相宗僧侣编撰的观点②。

① 池上洵一『今昔物語集を読む』，三木紀人編『今昔物語集宇治拾遺物語必携』，学灯社，1988 年。
② 原田信之『今昔物語集南都成立と唯識学』，勉誠出版，2005 年。

说话这个体裁分类只见于日本文学,和汉语语境中的"说话"不同。村上学在汉语全译本《今昔物语集》(万卷出版公司,2006)序文中这样解释:

在日本,使用和现在几乎意思相同的"说话"一词,是从 20 世纪初开始的。《帝国文学》杂志从 1899 年(明治三十二年)开始到 1901 年,刊载了宗教学者妹崎正治和神话学者高木俊雄间的以素盏鸣尊为中心的神话的论争。在这场论争中开始使用"说话"一词。在一般意义上使用"说话文学"这一概念的是 1913 年(大正二年)6 月和 1921 年(大正十年)4 月刊行的芳贺矢一的《考证今昔物语集》(富山房),1923 年(大正十二年)12 月刊行的野村八郎的《镰仓时代文学新论》(明治书院),其中使用了"说话集""说话文学"这样的词。此前的文学史中"说话集"权且用"杂史"这一名称来概括记述。此后,"说话文学"的概念开始普及。现在它包含"神话、传说、昔话、世间话、逸话、打闻话、怀旧谈、历史话、有职话、佛教话、诗歌话、艺能话、童话及其他"(《日本古典文学大辞典》"说话文学"条目,岩波书店)的丰富多彩的内涵。

从《今昔物语集》的情况来看,它应该属于传说故事类。不过,笔者在此论中还是保留使用"说话"这一名称。

《今昔物语集》共有 31 卷,由天竺(1~5)、震旦(6~10)、本朝(11~31)三部组成。各部的说话大体上是从佛教说话开始,接着配置世俗说话,各部的构成井然有序。天竺部略有独特性,震旦部和本朝部的构成则很相似。编者有明确的编撰意识来安排各部和各卷的分配。全书共有一千多个说话,其素材的丰富和话题的广泛是其他说话集无法企及的。

二、《今昔物语集》孝子谭的先行研究

《今昔物语集》有很多和其他典籍类似的说话,因此对《今昔物语集》的研究最初以探寻出典为主。自冈本保孝的《今昔物语出典考》(安政七年,1860)以来,出典研究经历了许多误解和挫折,至今依然是《今昔物语集》研究的重要课题。尤其是关于震旦部的出典研究,从最初阶段开始就被视为《今昔物

语集》研究的重点。《三宝感应要略录》《冥报记》《孝子传》等,在《今昔物语出典考》的时点就已经为研究者们关注,此后也为震旦部出典研究所重视。如今《三宝感应要略录》《冥报记》《孝子传》是震旦部的主要出典的观点几乎成为定说。当然也有持反对意见的学者。比如,关于《孝子传》,小峰和明就对船桥本《孝子传》是《今昔物语集》震旦部孝子谭的出典之说抱有异议①。对照《今昔物语集》震旦部孝子谭和《孝子传》时,确实难以判断后者到底是前者的原处、出典、同话,还是同文同话。原处、出典、同话、同文同话,这些术语是在《今昔物语集》出典研究史上逐步提出的概念。所谓"原处",即故事最早出现的文献或典籍。其次是"出典",这个问题有些复杂,出典的意思是具体出现在哪一部典籍中。由于某些典籍在日本古时有多种抄本,这些抄本在内容细节方面存有不同程度的差异,所以必须确定直接出处。再次是"同话",多指那些出现在不同书籍中的形态内容很相似的说话。最后是"同文同话",顾名思义,指那些字面语句都相近的说话。此外,还应该再加上"类话",指同类的说话,但是情节内容方面会有差异。这些概念和分类标准在研究日本说话文学时会经常出现。

提及小峰和明在研究日本说话文学方面的成果,必须承认他在震旦部的构成及出典研究方面做出了突出的业绩,但同时也有偏误。关于他的观点笔者将在后文有关部分中具体论及。

《今昔物语集》的卷五至卷十构成了震旦部,其中卷九的题名为"震旦付孝养",也就是说该卷说话的主题是"孝养"。在卷九的 46 话中,我们可以找出17 话与孝养有关的故事,其中有些是中国历史上有名的孝子故事。

中国孝子谭的出现是孝文化的产物。汉代刘向编撰的《孝子传》收集了当时流传的孝子故事,遗憾的是这本书已经散佚。汉代以后,有很多种孝子传问世,但之后皆湮灭无存。现在中国本土只能通过逸文寻找其端倪。不过,在日本尚有两种免于散佚的完本《孝子传》流传到今日,这就是阳明本《孝子传》和船桥本《孝子传》。

《孝子传》在《今昔物语集》出典研究的最初阶段,不知借由什么文献而浮

---

① 小峯和明『今昔物語集形成と構造』,『笠間叢書』,笠間書房,1985 年。

出水面,并受到研究者的关注①。冈本保孝在《今昔物语出典考》中同时言及《孝子传》《三宝感应要略录》《冥报记》等文献。芳贺矢一在《考证今昔物语集》中列举了大量文献,对孝子谭出典研究提供了丰富的值得参考的资料。昭和三十一年(1956),西野贞治在《关于阳明本孝子传的特征以及与清家本的关系》一文中提出,船桥本《孝子传》是《今昔物语集》孝子谭所依据的典籍②。起初提出阳明本《孝子传》是《今昔物语集》孝子谭出典的今野达③,在京都大学附属图书馆藏船桥本《孝子传》被发现后,修正了自己的观点,认为《今昔物语集》卷九的第 3、4、5、6、7、8、9、10、11、12、20、43、44、45、46 话以及卷十的第 21 话,共 16 话出自船桥本《孝子传》④。山田孝雄父子们校注的岩波《日本古典文学大系》本《今昔物语集》,采用了与今野达几乎相同的观点,认为震旦部说话中有 15 话出自船桥本《孝子传》。卷十的第 21 话,山田氏则认为出自《古烈女传》卷五《节义部十五》。

在此,关于阳明本和船桥本《孝子传》,需要做一点说明。称为阳明本《孝子传》,因为是阳明文库的藏书,两册一卷,属日本中世写本,书写者不详。船桥本是船桥家旧藏本,现在藏于京都大学附属图书馆清家文库,因此也称为清家本。该本于天正八年(1580)由清原枝贤书写,题笺处有“青松”字样的署名,这被看作是枝贤的儿子国贤的自署。船桥本《孝子传》由吉川幸次郎、一海知义影印刊行,并附有解说和现代日语译文,不过他们的解说和日语译文错误较多⑤。黑田彰的《孝子传注解》,对阳明本《孝子传》和船桥本《孝子传》进行了详细的书志调查,具有较高的研究参考价值⑥。

三、《今昔物语集》孝子谭的编撰态度

关于《今昔物语集》卷九中的“孝子谭”的来源,前面已经提到,在对卷九

① 宫田尚『今昔物語集震旦部考』,勉誠出版,1992 年。
② 西野貞治『陽明本孝子伝の性格並に清家本との関係について』,『人文研究』第七卷六号,大阪市立大学文学会,1956 年。
③ 今野達『陽明文庫蔵孝子伝と日本説話文学の交渉』,『国語国文』第二十二卷第五号,1953 年。
④ 今野達『古代・中世文学の形成に参与した古孝子伝二種について——今昔物語集以下諸書所収中国孝養説話典拠考——』,『国語国文』第二十七卷第七号,1958 年。
⑤ 吉川幸次郎・一海知義『孝子伝解説並釈文』,京都大学附属図書館,1959 年。
⑥ 黒田彰『孝子伝注解』,汲古書院,2006 年。

的先行研究中，大量的研究成果已经倾向于船桥本《孝子传》。从黑田彰的《孝子传注解》对阳明本和船桥本的对照来看，可以很明显地发现船桥本《孝子传》中的故事形态与《今昔物语集》的孝子说话十分接近。下面以郭巨的故事为例，将阳明本《孝子传》、船桥本《孝子传》和《今昔物语集》三者做一个对比。

【阳明本】

郭巨者、河内人也。時年荒。夫妻昼夜勲作、以供養母。其婦忽然生一男子。便共議言、今養此児、則廃母供事。仍掘地埋之。忽得金一釜。釜上題云、黄金一釜、天賜郭巨。於是遂致富貴、転孝蒸蒸。賛曰、孝子郭巨、純孝致真。夫妻同心、殺子養親。天賜黄金、遂感明神。善哉孝子、富貴栄身。

【船桥本】

郭巨者、河内人也。父無母存。供養勲勲。於年不登、而人庶飢困。爰婦生一男。巨云、若養之者、恐有老養之妨。使母抱児、共行山中、掘地將埋児。底金一釜、釜上題云、黄金一釜、天賜孝子郭巨。於是因児獲金、不埋其児。忽然得富貴、養母又不乏。天下聞之、俱誉孝道之至也。

【今昔卷九】

今昔、震旦二□代二、河内卜云フ所二郭巨卜云フ人有ケリ。其ノ父亡ジテ、母存セリ。

郭巨勲二母ヲ養フニ、身貧クシテ常二飢へ困ム。然レバ食物ヲ三二分テ母二一分、我レ一分、妻一分二充タリ。如此クシテ年来、老母ヲ養フ間二、妻、一ノ男子ヲ生ゼリ。其ノ子、漸ク長大シテ、六七歳二成ル程二、此ノ三二分ケツル食物ヲ四二分ク。然レバ、母ノ食物弥ヨ少ク成ヌ。郭巨、嘆キ悲ムデ妻二語テ云ク、「年来、此ノ食物ヲ三二分テ母ヲ養ヒツルニ、猶シ少シ。而ルニ此ノ男子生レテ後ハ四二分レバ弥ヨ少シ。我レ、難有キ事也卜云へドモ、偏二孝養ノ為也。汝ヂ、惜ミ悲ム心無カレ」卜。

妻、此ノ事ヲ聞テ涙ヲ流ス事雨メノ如クシテ、答へテ云ク、「人ノ子ヲ思フ事ハ、仏モ一子ノ慈悲トコソ譬へ説キ給へレ。我レ、漸ク老

二臨テ適マ一人ノ男子ヲ儲タリ。懐ノ内ヲ放ツツラ、猶シ悲ノ心難堪
シ。何況ヤ、遙ナル山将行テ埋ムデ還ラム事コソ可譬キ方モ不思ネ。
然リト云ヘドモ、汝ガ孝養ノ心尤モ深クシテ、思ヒ企テム事ヲ我レ妨
ゲバ、天ノ責メ可遁キ方無カリナム。然レバ、只、汝ガ心ニ任ス」ト。

其ノ時ニ、父、泣々ク妻ノ言ヲ感ジテ、妻ニ子ヲ令懐テ、我ハ鋤ヲ
持テ遙ニ深キ山ニ行テ、既ニ子ヲ生埋マムガ為ニ、泣々ク土ヲ掘ル。
三尺許リ掘ル時ニ、底ニ、鋤ノ崎ニ固ク当タル物ノ有リ。「石カ」ト思
テ、「堀リ去ケム」ト思テ、強ニ深ク堀ル。猶、責メテ深ク堀テ見レバ、
石ニハ非ずして一斗納許ナル黄金ノ釜有リ。蓋有リ。其ノ蓋ヲ開テ
見レバ、釜ノ上ニ題テ文有リ。其ノ文ニ云ク、「黄金ノ一ノ釜、天、孝子
郭巨ニ賜フ」ト有リ。郭巨、此レヲ見テ、「我ガ孝養ノ心ノ深キヲ以テ、
天ノ賜ヘル也」ト喜ビ悲ムデ、母ハ子ヲ懐キ、父ハ釜ヲ負テ家ニ還ヌ。

其ノ後、此ノ釜ヲ破リツツ売テ、老母ヲ養ヒ世ヲ渡ルニ、乏キ事ナ
クシテ、既ニ富貴ノ人ト成ヌ。其ノ時ニ、国王、此ノ事ヲ聞キ給テ、怪
ミヲ成シテ、郭巨ヲ召シテ被問ルヽニ、郭巨、前ノ事ヲ陳ブ。国王、聞
キ驚き給テ、釜ノ蓋ヲ召シテ見給フニ、実ニ其ノ文顕也。

国王、此レヲ見給テ、悲ミ貴ビテ、忽ニ国ノ重キ者ト用ラル。世ノ
人、亦此レヲ聞テ、孝養ヲ尊キ事ナム讃メケルトナム語リ伝ヘタル
トヤ。①

【译文】　　　震旦郭巨孝老母得黄金釜的故事

从前,震旦后汉时有个人,名叫郭巨。他的父亲已经去世了,母亲
还在。

郭巨家境贫寒,但他精心孝养母亲。他将食物分为三份,母亲一份,
自己一份,妻子一份。如此长年孝养母亲。他的妻子又生了一个儿子。
儿子长到六七岁时,家里的食物开始分为四份,分给母亲的食物少了。
郭巨悲叹着对妻子说道:"以前将食物分成三份,给母亲吃的本来就少,
儿子现在长大,食物分成四份,母亲吃的就更少了。我的孝心很重,为了
孝养母亲,我想把儿子给埋了。这事虽然很难,但为了孝养母亲不得不

---

① 『今昔物語集』,『新日本古典文学大系』34,岩波书店,1999 年。

这样。你千万不要舍不得孩子。"

妻子听后泪流如雨,说道:"说到儿子,佛也用对一子慈悲怜爱之心作为比喻。我们年龄很大了才得到这么一个儿子,抱在怀里都舍不得放下,更何况是送到山里给埋了。既然你的孝心很重,我也不能干涉,这是上天的惩罚。只能随着你的心意去做吧。"

郭巨热泪涟涟地听完妻子的话,然后让妻子抱着儿子,自己扛着锄头朝深山里走去。他一边流泪一边刨土,挖到三尺深的时候,锄头碰到一个硬物。他以为是块石头,继续往下刨,挖出来一看,不是石头,是个斗大的黄金釜,上面还有盖。揭开盖子,发现盖上有题文,题文为:"黄金釜,天赐孝子郭巨。"郭巨看见后悲喜交集,说道:"我以孝心得天赐。"妻子抱着儿子,他背着金釜返回家中。

他将黄金釜砸碎变卖,以此孝养老母,成为富贵之人。国王听说此事,感到奇怪,召郭巨来询问此事,郭巨讲述了此事的经过。国王非常惊讶,看见釜盖上确实有题文。国王在国中重用郭巨,世人听说郭巨孝养的事,都非常尊敬他。①

上面三段关于郭巨的故事中,阳明本划单线处的细节与船桥本中划双线的地方不同。

(1)阳明本未提及"父無母存"。

(2)船桥本中不见"夫妻昼夜懃作、以供養母"等字。

(3)阳明本中的"便共議言、今養此児、則廃母供事",在船桥本中则是"巨云、若養之者、恐有老養之妨"。

(4)阳明本中的"仍掘地埋之",在船桥本中则是"使母抱児、共行山中、掘地将埋児"。

(5)阳明本处有"於是遂致富貴、転孝蒸蒸"加上"賛曰"作为故事的结局。而船桥本的结尾是"於是因児獲金、不埋其児。忽然得富貴、养母又不乏。天下聞之、俱誉孝道之至也",明显不同于前者。

---

① 出典不详。同话见于《注好选》上(48)、《言泉集》、《宝物集》、《搜神记》卷十一、《太平御览》卷四百一十、《法苑珠林》四十九、《二十四孝》等。

若再将这些细节与《今昔物语集》卷九第 1 话进行对照,可以很明显地发现,《今昔物语集》的故事虽然有许多润色和添加之处,但是主要线索的脉络与船桥本接近。不过在确定船桥本是否就是《今昔物语集》卷九孝子谭出典这一问题上,情况依旧复杂。从形式上看,《今昔物语集》孝子谭似乎更加接近船桥本。所以,从西野贞治起直到山田孝雄等人,甚至当今的许多研究者,都认为船桥本是《今昔物语集》孝子谭的出典。比如,山田孝雄父子们校注的岩波《日本古典文学大系》本《今昔物语集》卷九就明确地认定第 3、4、5、6、7、8、9、10、11、12、20、43、44、45、46 这 15 话的出典是船桥本《孝子传》。但是,以小峰和明为代表的持反对意见的研究者则比较谨慎。例如,小峰和明在校注岩波《新日本古典文学大系》本《今昔物语集》卷九时,只将《孝子传》(但未注明是船桥本或阳明本)看作是卷九的第 1、2、3、4、5、6、7、8、9、10、11、12、20、43、44、45、46 等 17 话的原处(只在第 3 话一处注有"接近出典的原处"的说明)。

小峰和明对出典所抱的疑惑是可以接受的。这也说明他的治学态度客观冷静而严谨。小峰和明的理由也许很简单,那就是缺乏依据。从大致的形态上看,卷九的多数孝子说话更接近船桥本,所以人们推测,编撰者可能是用了这一系统的《孝子传》。但是,这并不足以确证就是如此。因为有的孝子说话和船桥本之间也存在很大差异,就像上文中列举的郭巨的故事一样。卷九中的故事情节较《孝子传》更为丰富,仅从细微处让我们看到它同阳明本的疏离以及同船桥本的近缘。但是正如前面提到的,它与船桥本之间更多的差异之处又如何解释呢?森正人在《今昔物语集的生成》(和泉书院,1986)中曾经提出,《今昔物语集》编者常用润色、敷衍等方式来改作这些说话。这一见解对我们看待孝子谭出典问题十分有帮助。

回到郭巨的例子上来说,我们确实无法判断它究竟出自船桥本,还是出自另外的一部什么作品。由于存在编者改作(润色、敷衍)的可能性,因而判断出典十分困难。不过,至少故事的原处是明了的。这也许就是小峰和明采用注明"原处"而不是"出典"的用意所在。

关于《今昔物语集》孝子谭来源的问题,还需要补充说明一点的是,在《今昔物语集》成立前后的那个时期,有许多孝子故事在日本各地流传。故事大多也类同《孝子传》,例如《注好选》就是其中之一。根据日本学者的考证可以得知,东寺观智院本《注好选》作为抄本的一种,其"书了"时间为仁平二年(1152)。也就是说《注好选》原本的完成时间在此之前。作为平安末期的一部儿童教育书,其中收录了孝养故事。东寺观智院本《注好选》的孝养说话中,有12话和《今昔物语集》孝养说话相同。小峰和明推测《今昔物语集》的这些孝子故事也许来自《注好选》。下文将详细探讨小峰和明的卷九构成论,其中会涉及他的这个大胆的推测。但是,从《注好选》孝子说话的形态来看,很难接受小峰和明的推测。

四、《今昔物语集》孝子谭的编撰意图

关于《今昔物语集》卷九"孝养"主题的构成,出云路修首先提出"孝养"也包含了追善供养的内容的看法①。原田信之接受了出云路修的论点,并指出卷九的《冥报记》说话群描绘了冥界的场景,讲述了恶业现报的内容,说明了修善根的必要性和追善的重要性②。三田明弘更进一步支持这一论点,认为卷九的构成以孝养为基础,说话的排列配置和主题的展开紧密相关。根据三田明弘的分析,卷九的第1~12话是现世孝养,讲述对父母的孝行;第13~20话是冥道孝养,讲述死后因缘;第21~30话也是冥道孝养,讲述杀生和不杀生;第31~36话是冥道孝养,讲述修善和恶业;第37~46话又返回现世孝养,讲述至心孝养③。笔者认为三田明弘对《今昔物语集》卷九构成的分析未免有先入为主之嫌,即使编者依据一定的原则来编撰卷九,如此整然有序的排列,尤其是和主题展开相关的配置,反而让人感觉不自然,重要的是对这种分类的解释背离了文本。正如三田明弘所言:

> 《今昔物语集》卷九围绕"孝养"观念,展现了其构成上独自的推进理论。可以认为在此基础上的必然性也存在于卷内说话的配置上。对于《冥报记》系统说话群的存在意识,也应该在卷九的推进理论范围内,对

---

① 出雲路修『説話集の世界』,岩波書店,1988年。
② 原田信之「今昔物語集震旦部卷九の編纂意図」,『立命館文学』卷五百二十,立命館,1991年。
③ 三田明弘「〈今昔物語集〉卷九における〈冥報記〉の受容について—〈今昔物語集〉卷第九の構想」,『中世文学』第四十一卷,1996年。

各个说话的作用进行详细地探讨研究。

当然，这种说法有一定的说服力。但是三田明弘所说的"独自的理论"真的存在吗？如果真的存在，这"理论"究竟是什么呢？笔者认为，震旦部的构成并没有既定的"独自的理论"，编者只不过是巧妙地利用了手边的素材，尽可能地编成而已。

接下来再看看小峰和明的卷九构成论。小峰和明基本上肯定了国东文麿的震旦部构想，但同时又指出卷九、卷十存在问题。卷十的问题留作他日讨论，本章只讨论卷九的问题。小峰和明的观点可以概括为以下六点：

(1) 因为有铃鹿本《今昔物语集》保存下来，可以看出卷九的卷题"孝养"是当初就有的。

(2) 孝养的主题只在开头部分(第1～14话)和末尾部分(第43～46话)中出现。其中的第20话虽然是《孝子传》系统的说话，但是属于报复继母的恶报谭，与全卷的实际编成及"孝养"的卷主题明显产生背离。

(3) 无视该卷原来的"孝养"主题，将全卷视为"因果报应"，只不过是一种固定生硬的解释，会让我们忽视一个实质性的问题，即编者的构想是在不断的动摇中逐渐展开的。

(4) 为何提出"孝养"的主题，这是解读卷九的钥匙。编者不仅在卷首配置了12个孝养说话，卷尾也配置了4话，这至少在形式上显示了首尾一贯的姿态。反过来或许可以将这种现象解释为，当初编者曾试图使孝养卷首尾贯穿，但终未能如愿。

(5) 编者很可能一直都在计划要编成孝养谭，只不过最终只配置在了卷的首尾部分。其中的主要原因应在与资料的关联上探求。"孝养"的构思前提当然是因为《孝子传》的存在，但是无法解释为何在《孝子传》45个故事中只引用了三分之一。或许唯一的解释就是"《孝子传》非原处说"，即编者并没有直接接触《孝子传》。是否可以这样判断，也许原来编者手中只有十几个孝子的说话，它们与卷十的短小故事谭同出于《注好选》。

(6) 翻译《冥报记》的故事是为了填补孝养谭不足的空缺。这并非单纯出于资料不足的物理原因。《冥报记》的魅力吸引着《今昔物语集》，才使其能够持续翻译①。

小峰和明论点的(1)和(4)已经成为定论,没有问题;(2)在理论上没有异议,虽然触及了第20话,但是没有深究。他指出"与全卷的实际编成及'孝养'的卷主题明显产生背离",这一点很重要,但是没有具体的解释;(3)不能无视"孝养"的卷主题,简单而固定化地将卷九主题解释为"因果报应"或"追善供养",这会使我们忽视其实质,即编者的构想是在不断的动摇中逐渐展开的。这一点,不但就卷九而言如此,也可以言及《今昔物语集》整体。笔者将对(2)(5)(6)三点进行不同的解释。

卷九为什么将"孝养"列为卷主题,确实是个难题,也是解读卷九的钥匙。关于第20话"伯奇"的故事,小峰和明虽然指出"第二十话虽然是《孝子传》系统的说话,但是属于报复继母的恶报谭,与全卷的实际编成及'孝养'的卷主题明显产生背离",但是,小峰和明没有讨论第20话在卷九中所处的位置和作用。第20话"伯奇"虽然收在《孝子传》中,但其实是一则对继母以怨报怨的复仇谭。前文中提到,震旦部卷九从《孝子传》中选取的故事有17话,其中12话(第1~12话)在卷头,4话(第43~46话)在卷尾,剩下1话放在第20的位置上。毋庸置疑,这是编者的意图,问题是为什么"伯奇"说话要放在第20话的位置。如果不分析"伯奇"说话和前后话的关系,便无法理解。

首先,让我们先分析一下开头部分。从第1~12话是普通的孝子谭,收载了一些孝子在现世孝养父母的说话,其中也有为了尽孝心而舍弃生命的故事等,大多是在中国广泛流传的故事。第13话开始说话主题发生转变。第13~19话是从《冥报记》撷取的说话,没有继续《孝子传》的说话。第13话的题目为《某人以父钱买取龟放河的故事》,是龟报恩谭,此话的末尾特意和孝养关联起来:"父亲听说后为自己的儿子感到高兴。儿子不但救了五只龟的性命,也是极为孝养。"接下来的第14话《震旦江都孙宝于冥途济母复活的故事》,是冥途救母说话。第13和14话两话,由此前的儒家的孝转换成佛教的孝,把冥报说话附会成孝养谭,而且末尾冠以"极为孝养"和"无限孝养"②,给予在第

---

① 小峯和明『今昔物語集震旦部の形成と構造』,『徳島大学教養部紀要 人文・社会科学』第十七巻,1982年。

② 本文中出现的《今昔物语集》卷九说话的题目,引文等请参照金伟、吴彦译《今昔物语集》第一册,万卷出版公司,2006年。

1～12话中没有见到的最高评价。第13～19话是和冥途相关的说话。第15和第16话一组，讲死去的人遵守生前的誓约，在梦中向自己的亲友告知善恶报应的实况和为官之期，死后也不忘信义。第17、18、19话一组，主题属于"偿债"的报应谭。第17话《震旦隋代人得母成马悲泣的故事》，讲述母亲生前把儿子的五升米给了女儿，死后受为马身向儿子还债；第18话《震旦韦庆植杀女转生之羊悲泣的故事》，讲述受宠爱的女儿，因为没有告诉父母擅自取钱财使用，死后受为羊身，在父亲的宴席上被宰杀；第19话《震旦长安人女儿死成羊告客的故事》也同样，女儿想偷父亲的钱买脂粉，没能如愿就死去了，受为羊身。第17话的母亲及第18、19话的女儿都遭受恶报，转生为畜生。说话的结语表明了反对呵责、屠杀、烹饪动物的态度。这些说话的主题明显和"孝养"的主题相背离，但这只是说话的主题层面的背离。从整个卷九的结构层面来看，第17、18、19话这三话的存在，是向第20话移动的必要的前奏曲。这三话作为铺垫，第20话也和动物有关，即主人公伯奇死后转生为鸟，向继母复仇。需要注意的是，伯奇说话虽然取自《孝子传》，但是和卷九前12话的主题完全不同。如前文说明的那样，虽说是出自《孝子传》，但实际上是复仇谭。如果把伯奇说话直接安排在前12话后面，在说话类型和主题上都会产生抵触和不相容的感觉。因此，让第20话承接《冥报记》系统的说话群（主要是因恶业转生动物的说话类型），又开启新的说话类型。卷九的第21～29话的9话，皆是关于因为狩猎、伤害动物、吃鸡蛋等招致恶报的故事。也就是说，这一说话群和伯奇的复仇谭相呼应，在说话主题层面和结构层面都产生关联。

下面再来看看末尾的四个说话。末尾四话的主题又从恶报返回孝养。但是与第1～12话相比，第43、44、45、46话这四话应该说是特殊的孝子谭。有趣的是第42话《河南人妇令婆母食蚯蚓羹得现报的故事》，用不孝得现报的说话来结束30话以后的冥途往返说话和恶报谭，再返回到孝子谭说话。如果编者将卷九引用的《孝子传》说话全部集中在开头部分，那么"以怨报怨"的伯奇说话，不但会与第1～12话的说话群产生龃龉，而且还会和第43话的"以德报怨"的申生说话相抵触。

从卷九的构成和说话排列上看，《今昔物语集》的编者无疑是在明显的编撰意图之下，利用《孝子传》和《冥报记》的说话来组织卷九。关于卷九的编撰，小峰和明提出：

翻译《冥报记》的故事是为了填补孝养谭不足的空缺。这并非单纯出于资料不足的物理原因。《冥报记》的魅力吸引着《今昔物语集》,才使其能够持续翻译。

笔者认为,有必要重新考虑一下小峰和明的论点。这种论点在某种意义上是没有错误的,问题在于"孝养谭不足"这一点上。关于《孝子传》是否是《今昔物语集》震旦部说话的出典,从小峰和明论点之(5)即可了解。他认为《今昔物语集》的编者由于孝子谭数量不足因而才引用了《冥报记》说话来填补空缺。可是小峰和明并没有出示充分证明这种判断的依据。即使当时《孝子传》的 45 个故事都在编者的手边,编者有全部选择的可能性吗?关于这个问题不妨把《孝子传》的故事加以分类,通过表 1-1 来具体分析一下。

表 1-1 《孝子传》故事分类

说话类型	话 数
① 关于继母的说话	1 舜、33 闵子骞、34 蒋翙、35 伯奇＊、38 申生＊
② 孝养父母天地有感	2 董永、3 邢渠、5 郭巨＊、26 孟仁(宗)＊、27 王祥、28 姜诗、30 颜乌＊
③ 一般的孝养说话	4 韩伯瑜＊、13 老莱子、15 陈寔、21 刘敬宣、23 朱百年＊、24 高柴、25 张敷＊、31 许孜、36 曾参、40 禽坚＊
④ 父母被辱复仇	7 魏阳、9 丁兰＊、32 鲁义士＊、37 董黯、45 眉间尺＊
⑤ 仁义忠悌	10 朱明、12 王巨尉、14 宋胜之、18 毛义、20 仲由、22 谢弘微、41 李善、42 羊公
⑥ 虎难、匪难	11 蔡顺、16 杨威＊
⑦ 殉死孝父	17 曹娥＊、29 叔先雄
⑧ 动物谢恩	19 欧尚＊、44 慈乌
⑨ 忠、孝	39 申明、43 京城节女＊
⑩ 无血缘关系孝养	8 三州义士＊
⑪ 劝父孝养	6 原谷(厚谷)＊

(表中带＊号的说话共 18 话,可见于《今昔物语集》中)

通过表格可以清楚地看到,在一种说话类型中,大多都收有两个以上的说话。说话类型⑤因为和孝养没有关系,一个说话也没有选择。关于其他的说话类型,不妨可以认为,在同类说话中,编者选择了相对合适的说话。⑥⑦⑧⑨都是从两个说话中选取一个。这当中的⑨关于忠孝的说话类型有两话,其中的《京城节女》一话被配置在卷十的第 21 话处,与卷十的第 20 话、第 22 话一同收在忠信的说话类型里。另外,回避了《陈寔》《刘敬宣》《高柴》《慈乌》等过于短小的故事。可以肯定,在同类说话中编者总是避开那些情节过于简单的说话。

五、结语

本章在《今昔物语集》卷九孝子谭出典研究的先行成果的基础上,重新审视了孝子谭的来源问题。针对小峰和明等人的论点,提出了切实有据的反论。笔者认为,从船桥本《孝子传》和《今昔物语集》孝子谭的形态对比中,可以看出它们之间确实存在密切的关联性。但是,这种关联性是否可以被看作是出典的可靠依据,还有待于进一步研究与考证。本论主要针对小峰和明等人的出典论及卷九的构成论提出了不同的意见。通过对构成《今昔物语集》卷九的《孝子传》说话和《冥报记》说话的配置的分析,可以发现《今昔物语集》编者的明显的编撰意图,即巧妙地利用《孝子传》说话和《冥报记》说话来组织《今昔物语集》的卷九说话。小峰和明的《孝子传》非原处说以及为了填补卷九孝子谭之空缺而采用《冥报记》说话的论点过于笼统。在《孝子传》的 45 个故事中,既混有非孝养类的故事,又有不同的说话类型存在,首先是考虑从内容和主题方面来利用素材。在开头和末尾处配置孝子谭,决定了《今昔物语集》卷九的"孝养"基调。此后,如何安排《孝子传》说话和《冥报记》说话,使全卷的构成不产生冲突,这是编者十分留意的地方。但是,毕竟这些说话原来的主题不尽相同,因此,《今昔物语集》卷九的整体状态,与卷题"孝养"间的背离是无法避免的。这不仅是《今昔物语集》卷九的特征,也可以说是《今昔物语集》的整体特征。

第二章

《三宝感应要略录》的撰者

一直以来,《三宝感应要略录》都被看作是辽代非浊的撰述。这部在中国已经失传的典籍在日本却被保存了下来,而且有多种写本。从日本的院政时代起,《三宝感应要略录》就被奉为重要的典籍,流传甚广,影响巨大。日本学者塚本善隆在其《日本遗存的辽文学及其影响》中,首先对此书的流传问题提出了质疑。这一问题又与撰者问题相关联。本章通过文本分析,对历来未被重视的几个问题做了深入考察并提出质疑,在参考了大量文献和研究资料的基础上斗胆推测,《三宝感应要略录》并非非浊之作,而是日本平安末期的日本人的伪作。

一、《三宝感应要略录》的传本

《三宝感应要略录》历来被认为是辽代僧人非浊所撰。《三宝感应要略录》录用了1060年完成的《广清凉传》的两则故事,所以《三宝感应要略录》的成立时间一般推测为1060年至非浊去世的1063年之前。在日本,从院政期至近世,自《法华百座闻书抄》(1110)始,《三宝感应要略录》对众多的日本书籍产生过影响,流传甚广①。关于流传至今的主要传本,小林保治、李铭敬、田岛公等人做了书志学方面的研究,可简要归结如下:

(1) 元永元年(1118)写本,仅存下卷,所藏不明。

---

① 田岛公『三宝感応要略録解説』,『尊経閣善本影印集成』43,八木書店,2008年。

（2）仁平元年(1151)写本,仅存上卷,金刚寺所藏,称为金刚寺本。

（3）寿永三年(1184)写本,三帖,东京前田育德尊经阁所藏,称为尊经阁本。

（4）元大和寺永久寺藏本,仅存下卷,京都熊谷家(鸠居堂)所有。

（5）东寺观智院本,上中下三册。

（6）庆安三年(1650)版本,京都大学附属图书馆所藏,大正藏本。①

二、《三宝感应要略录》对日本文化的影响

《三宝感应要略录》对日本古典文学的影响巨大,至少影响了如下 36 部日本古代典籍:

（1）只提到《三宝感应要略录》书名,没有引用内容的书籍。

（2）提取故事梗概,进行大幅度改编,无法还原《三宝感应要略录》原文要素的书籍。

（3）汉文体文本,完全没有添加片假名及实字的书籍。

（4）汉字和片假名并用的文本,即作为《三宝感应要略录》训读资料的书籍:①『法華修法一百座法談聞書抄』(山内洋一郎,1975),②『今昔物語集』(冈本保孝,1860),③『佚名諸菩薩感応抄』(后藤昭雄,1993),④『澄憲作文集』(山崎淳,2007),⑤『言泉集』(池上洵,1979),⑥『覚禅鈔』(山崎淳,2007),⑦『興福寺奏状』(塚本善隆,1994),⑧『逆修説法』,⑨『三宝感応録并日本法華伝指示抄』(塚本善隆,1994),⑩『弥勒如来感応抄草』(塚本善隆,1994),⑪『弥勒如来感応抄』(塚本善隆,1996),⑫『薬師』甲本(小林芳規,1984),⑬『薬師』乙本(小林芳規,1984),⑭『醍醐寺焰魔王堂絵銘』(阿部美香,2004),⑮『説経才学抄』(藤井佐美,2004),⑯『普通唱導集』(小峰和明,1985),⑰『私聚百因縁集』(塚本善隆,1994),⑱『無量壽教論註記』,⑲『撰択伝弘决疑鈔裏書』,⑳『論註記見聞』,㉑『撰択决疑鈔見聞』,㉒『真言伝』(池上洵一,1979),㉓『本尊聖教録』(今成元昭,1971),㉔『伝通記糅鈔』,㉕『决疑鈔直牒』,㉖『大経直談要註記』(上野麻美,2007),㉗小経直談要註記』(上野麻

---

① 小林保治・李銘敬『日本仏教説話集の源流』,勉誠出版,2007 年。

美,2001),㉘『当麻曼陀羅疏』(近本謙介,1992),㉙『鎮西宗要本末口伝鈔』,
㉚『三国伝記』(塚本善隆,1994),㉛『臥雲日件録抜尤』(小峰和明,1985),
㉜『善隣國宝記』(田中健夫,1995),㉝『地蔵菩薩霊験記』(大島建彦,2002),
㉞『法華経鷲林拾葉抄』(池上洵一,1979),㉟『法華経直談抄』(池上洵一,
1979),㊱『直談因縁集』(广田哲通等,1998)。①

三、《三宝感应要略录》的先行研究

在日本,最初对《三宝感应要略录》的研究是伴随《今昔物语集》的研究开始的。安政七年(1860)冈本保孝在《今昔物语出典考》中整理了狩谷棭斋、伴直方和木村正辞的研究成果,指出《今昔物语集》从《三宝感应要略录》中采用了 60 个故事②。关于《三宝感应要略录》的撰者的研究始于小野玄妙③。小野玄妙认为,《今昔物语集》从《三宝感应要略录》中采用了 58 个故事,尤其是从常愍法师赴天竺礼拜毗卢舍那佛像的故事可以看出,《今昔物语集》的撰者从《三宝感应要略录》采用素材的可能性很高。小野玄妙在其论文《佛教文学研究的基调》中指出:

> 从《三宝感应要略录》中采用了数量如此之多的材料,就这一点来看,《三宝感应要略录》是撰集《今昔物语》重要的蓝本之一,这是谁也无法否认的事实。尤其是它(指《今昔物语集》,笔者注)转载了除《三宝感应要略录》以外几乎没有记载的常愍法师赴天竺礼拜毗卢舍那佛像的故事,此为《今昔物语》的著者确实看过《三宝感应要略录》的绝对证据。

关于《三宝感应要略录》的成书时间,小野玄妙通过与《广清凉传》的关联做了以下推测:

> 直接从文本的内容考证,此书卷下的《文殊化身为贫女感应》引载了

---

① 松尾讓兒「『三宝感応要略録』訓読史素描」,『訓点語と訓点資料』,訓点語学会,2010 年。
② 岡本保孝『今昔物語出典攷』,国学院大学出版部,1910 年。
③ 小野玄妙「佛教文学研究の基調」,『現代佛教』,1927 年。

《广清凉传》卷中的《菩萨化身为贫女》。《广清凉传》是宋仁宗嘉裕五年五台山大华严寺的坛长妙济大师延一撰著并开版的。后三条天皇的延久四年(1072)善慧大师成寻赴中国,同年的十月十九日在五台山真容院拜会《广清凉传》的著者延一,并于当日获得《广清凉传》,将其带回国来,这在成寻的手录《参天台五台山记》中可以见到。(中略)《广清凉传》撰成时隆国(1004—1077)五十八岁,成寻拜会延一时隆国六十九岁,这些都是隆国晚年时发生的事情。

关于《三宝感应要略录》的撰者,小野玄妙引用高丽僧义天《答大宋元炤律师书》中"此间又有新行随愿往生集一部二十卷"一语,作出以下判断:

> 此乃所料不及的了解非浊的不可动摇的有力史实。即"此间"二字表明著者非浊是高丽人,而非中国学者。另外,"新行"二字表明该书是当代的新著。由此可以大致推测,非浊与隆国相比乃后辈,与义天相比则为先辈。

小野玄妙推断源隆国比非浊年长,又通过"此间"二字做出非浊是高丽人的错误判断。从上下文看,"此间"在这里是表示时间的,而不是表示空间地域的词语。小野玄妙"非浊与隆国相比乃后辈,与义天相比则为先辈"的推测也是错误的。如果小野玄妙读过清初朱彝尊的《日下旧闻》,就不会出现这样的错误。《日下旧闻》中收录了《守司空豳国公中书令奉为故太尉大师特建佛顶尊胜陁罗尼幢记》(以下略称《陁罗尼幢记》),这是研究非浊生平的最珍贵的资料。后来,塚本善隆在《日本遗存的辽文学及其影响》[1]一文中作了详细的论述。《陁罗尼幢记》的内容如下:

守司空豳国公中书令奉为故太尉大师特建佛顶尊胜陁罗尼幢记
讲僧真延撰并书:
京师奉福寺忏悔主、崇禄大夫、检校太尉、纯慧大师之息化也,附灵

---

① 塚本善隆『日本に遺存せる遼文学とその影響』,『東方学報』,1936 年。

塔之巽位,树佛顶尊胜陁罗尼幢,广丈有尺。门弟子状师实行,以记为请。大师讳非浊,字贞照,俗姓张氏,其先范阳人。重熙(1032—1055)初,礼故守太师兼侍中圆融国师为师。居无何,婴脚疾,乃遁匿盘山,敷课于白伞盖。每宴坐诵持,常有山神敬持,寻克瘥。八年(1039)冬,有诏赴阙,兴宗皇帝赐以紫衣。十八年(1049),勅上京管内都僧录。秩满,授燕京管内左街僧录,属鼎驾上仙,驿征赴阙。今上以师受眷先朝,乃恩加崇禄大夫、检校太保。次年,加检校太傅太尉。师搜访阙章,聿修睿典,撰《往生集》二十卷进呈。上嘉赞久之,亲为怺引,寻命龛次入藏。清宁六年(1060)春,銮舆幸燕,回次花林,师侍坐于殿,面受燕京内忏悔主菩萨戒师。明年二月,设坛于本寺,忏受之徒,不可胜记。九年(1063)四月,示寂,告终于竹林寺。即以其年五月,移窆于昌平县。司空鄩国公仰师高躅,建立寺塔,并营是幢。陵壑有迁而音尘不泯。

清宁九年岁次癸卯七月庚子朔十三日壬子记。

根据《陁罗尼幢记》所述,非浊字贞照,号纯慧大师,范阳(河北省)人,俗姓张。非浊受辽兴宗和道宗尊崇,历任"上管内僧录""燕京左街僧录",被道宗任命为"崇禄大夫检校太保"和"检校太傅太尉",晚年亲任"燕京管内忏悔主菩萨戒师"。重熙八年冬,奉诏赴京师,接受兴宗皇帝所赐紫衣。清宁九年寂于燕京竹林寺。塚本善隆指出在辽代佛教史上,非浊堪称"佛教界地位最高的人",其著述 20 卷《往生集》的业绩得到道宗的称赞,并受敕命将其编入《大藏经》(指契丹《大藏经》,笔者注)。关于非浊与《要略录》的编撰,塚本善隆特别指出:

《三宝感应要略录》以如此惊人的速度传入日本并产生影响,这一情况受到重视,而相同著者的二十卷《随愿往生集》的传来及影响却未得到重视。不可思议的是以前从未考虑到这一点。《随愿往生集》即前述《陁罗尼幢记》中的二十卷《往生集》,可以说是他晚年投入精力最大的著作,尤其是上呈道宗皇帝,皇帝命令将其编入《大藏经》一事,乃佛教徒著述所获的最高荣誉。非浊寂后不久,高丽僧义天编成《新撰诸宗教藏总录》(1090),其中没有记录《三宝感应要略录》一书,但二十卷《随愿往生集》

及同人的《首楞严经玄赞科》都录于其中。(中略)二十卷《随愿往生集》(中略)在中国、朝鲜流传,如果说完全没有在日本流传是不可思议的。更不可思议的是这部同人所作的三卷本《三宝感应要略录》既未见于高丽义天的记录,又找不到流传于中国的记录,却早早传入日本,并产生不小的影响,以至于还有德川初期的刊本留存。

在塚本善隆以后的《三宝感应要略录》研究中,几乎没有人再对这个问题抱有疑问。在本章中,笔者根据在《三宝感应要略录》文本中发现的诸多问题做出推断,即《三宝感应要略录》的撰者并非非浊。其疑点如下:

(1)《三宝感应要略录》的署名方式"释子非浊"比较特殊。大藏经中的署名基本上是"沙门"或者"比丘",可是《三宝感应要略录》却使用了"释子"的称呼。从《陀罗尼幢记》的内容来看,非浊在当时的地位甚高,又深受辽代两位君主的尊重,按照惯例署名处应该写上"赐紫"的称呼,或者他的官职、僧职等。《三宝感应要略录》的署名是个非常特殊的异例。

(2)正如塚本善隆所怀疑的那样,为什么高丽义天编撰的《新撰诸宗教藏总录》没有记录《三宝感应要略录》呢?如果《三宝感应要略录》是非浊的著作,那么义天将其录于《新撰诸宗教藏总录》的可能性很大。

(3)小野玄妙指出《三宝感应要略录》卷下的《菩萨化身为贫女》出自《广清凉传》。《广清凉传》是宋仁宗嘉祐五年(1060)完成的,因此《三宝感应要略录》的成书时间限定在1060—1063年非浊去世之前。另外,《陀罗尼幢记》中记载"清宁六年春,銮舆幸燕,回次花林,师侍坐于殿,面受燕京内忏悔主菩萨戒师。明年二月,设坛于本寺,忏受之徒,不可胜记",可以想象这段时间非浊是很忙的,我们不得不怀疑非浊是否有时间撰录《三宝感应要略录》。因此,有必要重新考察《三宝感应要略录》到底是不是非浊撰录的。

四、《三宝感应要略录》文本中的疑点

在日本,关于《三宝感应要略录》的研究主要有野上俊静、小林保治、李铭敬、后藤昭雄、田岛公等人的著述。1967年,大谷大学的野上俊静将《三宝感应要略录》翻译成现代日语,收录在《国释一切经·史传部二十》中,但是没有

翻译序文①。2007 年,早稻田大学的小林保治、李铭敬在《日本佛教说话集的源流》中翻刻了尊经阁藏寿永三年(1184)的《三宝感应要略录》写本,并加以训读,但是没有训读序文。同年,大阪大学后藤昭雄监修的《金刚寺本三宝感应要略录的研究》出版,后藤昭雄训读了序文②。2008 年,东京大学田岛公的《尊经阁善本影印集成》43《三宝感应要略录》刊行。田岛公也训读了序文,但在书中他将《陁罗尼幢记》中的"敷课于白伞盖。每宴坐诵持,常有山神敬持,寻克痊"几句令人难以置信地解释为:

> 白い「繖蓋」(日よけ傘)の下に過ごすことを日課とし、宴に坐する時も常に経典を「誦持」していたところ、「山神」の「敬侍」があって、まもなく病気が癒えた。

田岛公不但将与密教有关的"白伞盖"解释为"白色遮阳伞",还将佛典及汉诗文中经常出现的"宴坐"一词解释为"坐在宴席上"。

笔者通过考察《三宝感应要略录》的序文和正文,根据文本所呈现的问题提出质疑和推断。首先让我们对大正藏本、尊经阁本和金刚寺本三种《三宝感应要略录》传本的序文作一个比较:

【大正藏本】

盖《三宝感应要略录》者,灵像感应以为佛宝,尊经感应以为法宝,菩萨感应以为僧宝。良是浊世末代目足,断恶修善规模也。夫信为道源功德之聚,行为要路解脱之基。道达三千,劝励后信;教被百亿,开示像迹。今略表其肝要,粗叙奇瑞。此缘若堕,将来无据,简以三聚,分为三卷,令其易见矣。

佛宝聚上

【尊经阁本】

盖《三宝感应要略录者》,灵像感应以为佛宝,尊经感应以为法宝,菩

① 野上俊静『国訳一切経和漢撰述部・史伝部二十』,大東出版社,昭和五十五年。

② 後藤昭雄「金剛寺本『三宝感応要略録』の研究」,勉誠出版,平成十九年。

萨感应以为僧宝。良是浊世末代目足,断恶修善规模也。夫信为道原功德之聚,行为路要解脱之基。道达三千,劝励后信;教被百亿,开示缘迹。今略表显其肝要,粗叙奇瑞。此缘若堕,将来无据,简以三聚,分为三卷,令其易见矣。

佛宝聚上

【金刚寺本】

盖《三宝感应要略录》者,灵像感应以为佛宝,尊经感应以为法宝,菩萨感应以为僧宝。良浊世末代目足,断恶修善规模也。夫,信为道原功德之聚,行为路要解脱之基。道达三千,劝励后信;教披百亿,开示缘迹。今略表显其肝要,粗叙录奇瑞。此缘堕,将来无处。简以三聚,分为三卷。令其易见矣。玄赞七云:能寂三业生死嚣烦,证寂黙理,名释迦牟尼,此云能寂,故婆娑世界,此云堪忍,此土众生,不孝父母,不敬沙门,行十恶业道,日夜增长三涂八难无量辛楚。菩萨于中堪忍苦恼行利益。名为堪忍文。(波线部分引自《妙法莲华经玄赞》卷第七,笔者注)

佛宝聚上

对照以上三种传本的序文,我们不难看出几个不同之处,但是内容几乎相同。三种传本都有"缘迹""路要""肝要"等词语,尤其是"路要""肝要"这样的词对推断《三宝感应要略录》的撰者问题至关重要。

1. 缘迹

尊经阁本和金刚寺本都写成"缘迹",大正藏本写成"像迹"。"缘迹"和"像迹"的用例在大正藏里都能见到。"缘迹"有三例:

《佛说弘道广显三昧经》:"于起灭法无欲了尊法因缘迹无得音声法无字斯法得。"

《肇论新疏》:"永灭廓尔无眹故曰无余缘迹既了业智兼亡皆无所余。"

《出三藏记集》:"道达群方开示后学设教缘迹焕然备悉训俗事源欝尔。"

"像迹"的用例除了《三宝感应要略录》外,另有两例:

《摩诃衍论》:"巷之称声仁教化之期见像迹之虚形瞻风散之界后果面摩尼宝藏之区至于。"

《肇论新疏》:"年至于企优风味镜鉴心像迹仁悦之勤良以深矣缅远"。

从上下文来看,使用"缘迹"是妥当的,"像迹"很可能是笔误。

2. 路要

大正藏本写成了"要路",尊经阁本和金刚寺本都写成"路要"。大正藏里"要路"的用例有百余处,"路要"的用例极为少见。可以认为大正藏本将另外两个写本的"路要"订正为"要路"。

《大正新修大藏经》中"路要"的用例只有三处,《佛说琉璃王经》:"佛知其意,从精舍出,止于路要,坐于荄枯树下。"这里的"路要"是道路的要冲的意思。另外两例出现在《集神州三宝感通录》和《法苑珠林》里,而这两例"路要"并不是一个词。

《集神州三宝感通录》是在唐高宗麟德元年(664)完成的,上卷的开头处有记录。其下卷有这样的故事:

> 东晋初南阳滕并舍之父也,家门信敬。每设会不逆请,随来者而供之。后设会于路要僧。见一僧荫柳而坐,请入舍行食。

这里的"路要"不是一个词,是在路上邀请僧人的意思。《法苑珠林》卷第四十二是相同的故事:

> 晋南阳滕并,累世敬信。妻吴全氏,尤能精苦。每设斋会不逆招请,随有来者,因留供之。后会僧数阙少,使人衢路要。寻见一沙门荫柳而坐,因请与归。

这里的"使人衢路要"也是让人去路上邀请(僧人)的意思。

"路要"作为一个词来使用的情况极为少见。《三宝感应要略录》的撰者错误地将"路要"作为一个词语使用的可能性很大,其序文中的"行为路要解脱之基"的意思也很难理解,无法解释为"道路的要冲"。而"路要解脱"不是恰当的汉语表现。

《三宝感应要略录》序文中的"信为道原功德之聚,行为路要解脱之基"的上句,经常出现在早期佛典中,如《大方广佛华严经》中有:"佛菩提菩萨因是初发心信为道元功德母增长一切诸善。"

后来的《四分律删繁补阙行事钞》中有："信为道原功德之母,智是出世解脱之因。"

《法苑珠林》中有："信为道原功德之母,智是出世解脱之基。"

《三宝感应要略录》极有可能模仿了这样的对仗句,前面提到"行为路要解脱之基"的意思不明确,严格地说"信为道原功德之聚"中的"聚"的用法也是错误的。信不是积蓄"道原功德",是"道原功德"之母,是根源。"行为路要解脱之基"一句,不论是"要路"还是"路要",与"解脱"组合在一起很牵强,意思不明。

3. 肝要

"肝要",《日本国语大辞典》①解释为:

> かん‐よう：エウ【肝要】〔名〕（形動）非常に重要なこと。大切なこと。また、そのさま。かなめ。肝心。

《语源辞典・形容词编》②解释为:

> かんよう肝要、文語カンエウの口語。きわめて大切で欠くことができない

こと、肝心なことをいう。語源　カン（肝）は、きもで、五臓の一つ肝臓のこと。勇気をたくわえるもととなる内臓で、最も大切なところ。ヨウ（要）は、こし（腰）、かなめで要点の要。肝要は、肝臓と腰とで、非常に大切なところの意であり、語源はこれによるものである。「いづくにても命を捨つるこそ肝要に候へ」（謡曲・夜討曽我）。

另外《江谈抄》中有："六条宫见草、被書白字肝要之由。"

《太平记》中有："合戦は初終の勝こそ肝要にて候へ。"

《大正新修大藏经》中"肝要"的用例有 314 处,其中除了中国撰述部《三宝

---

① 『日本国語大辞典』第二版第三巻,小学館,2001 年。

② 吉田金彦編『語源辞典・形容詞編』,東京堂出版,2005 年。

感应要略录》中的一例外,其余的 313 例全部出现在日本撰述部。据笔者考察,"肝要"一词最早出现在平安中后期的典籍中,例如,济暹(1025—1115)的《般若心经秘键开门诀》中有:"是明此心经为总持肝要义也。"

众寻(1065—1138)《汉光类聚》中有:"一念三千观是诸佛内证。诸法肝要也。"

静然(平安后期的天台宗僧人,生卒不详)的《行林抄》中有:"肝要真言可有四种。"

应该注意的是这里的"肝要"并不是汉语词汇。中国自古多使用名词"肝肾",常见于中医学的书籍。比如战国时代的医学书《黄帝八十一难经》(原题为秦越人撰)就详细论述了"肝肾"。至汉代,儒家的天人合一论及道家的阴阳五行论为中医奠定了坚实的理论基础,"肝肾"一词的使用也不断扩大,在此后的文学作品中也能见到。唐代诗人韩愈就有"劝君韬养待征招,不用雕琢愁肝肾"的诗句。宋代的苏轼及黄庭坚等也都留下了和"肝肾"有关的诗句。中医认为肝蓄血肾蓄精气,相互依赖,是人体极为重要的器官。

日语"肝要"一词的语源不明,但是极有可能是从唐宋诗文中的"肝肾"派生出来的。在大正藏有一处"肝肾"的用例,即印度撰述部的《大宝积经》卷一百九十中的"大肠小肠肺心肝肾脾胆诸藏",这里明显是指人体脏器。

上述《语源辞典·形容词编》中的"ヨウ(要)は、こし(腰)"(要即腰)的解释还不充分,腰也是肾脏的俗称,这就更容易解释从"肝肾"转换成"肝腰"及"肝要"的过程。另外,"腰"也写为"要",比如,《荀子·礼论》中的"量要而带之"。

以上,笔者提出了《三宝感应要略录》序文中的用词及文章表现方面的问题。关于《三宝感应要略录》撰述情况笔者认为至少有两种可能性:一种情况是序文和正文为同一撰者,在这一前提下可以认为《三宝感应要略录》是在《广清凉传》成立之后(1060)《法华百座闻书抄》成立之前平安时代的日本人编撰的;另一种情况是,序文可能是平安时代的日本人写的,后来添加到非浊撰录的正文前。即使有这样的可能,其序文最迟也是在金刚寺本《三宝感应要略录》书写(1151)之前完成的。

从以上对序文部分的考察来看,很难令人相信《三宝感应要略录》的序文出自非浊之手。尤其"肝要"一词的使用,是最令人质疑的地方。除了序文以外,正文部分也存在一些令人质疑的蛛丝马迹,以下笔者将对《三宝感应要略录》正文构成等问题进行考察。

五、《三宝感应要略录》与"三种三宝"

《三宝感应要略录》收录了 164 个故事,其中大多标明了故事的出处。但是有的原典已经失传,无法与正文比较,因此全面把握《三宝感应要略录》的撰录目的、主旨以及方法是比较困难的。笔者试图在考察正文构成的基础上,通过发现的各种问题来究明《三宝感应要略录》撰者的真相。

首先,来看正文的构成。正如序文里所说的那样,正文由灵像感应(佛宝)、尊经感应(法宝)和菩萨感应(僧宝)三卷构成。在此有必要探讨一下关于"三宝"的概念。根据唐代明旷的《天台菩萨戒疏》,三宝分为三种:

> 略明三种三宝为所归依:一住持,二别相,三一体。一住持三宝者,人能弘道万代之所流传。道藉人弘三宝于斯常住,则剃发染衣为僧宝,黄卷赤轴为法宝,泥木素像为佛宝。二明别相三宝者,十方三世法报应化为佛宝,所说法门为法宝,除妙觉外菩萨二乘为僧宝。三一体三宝者,实相圆理名为一体,即一而三无非秘藏。如世珍奇故通名宝,何者心体觉知名佛,性体离念名法,心体无诤名僧。凡圣始终此三具足。佛已修已证应物现形。别相住持功由一体。

此外,唐代李师政的《法门名义集》中也有关于三种三宝的论述:

> 三宝:佛宝、法宝、僧宝。三宝有三种:一者一体三宝,法身体有妙觉,名为佛宝;法身体有妙轨,名为法宝;法身离违争,名为僧宝。二者别相三宝,丈六化身以为佛宝;不说教法以为法宝;大乘十信已上、小乘初果已上,名为僧宝。三者住持三宝,泥龛素像以为佛宝,纸素竹帛以为法宝,凡夫比丘以为僧宝。

对照这种分类方法,《三宝感应要略录》中所见的佛宝和法宝概念属于

"住持三宝",可是僧宝则属于"别相三宝"。《三宝感应要略录》的撰者应该了解这三种三宝的分类,但是为什么将"住持三宝"和"别相三宝"混用,这是值得关注的问题。或许《三宝感应要略录》撰者的手头上缺少关于中国"剃发染衣"的"凡夫比丘"的资料。但是如果非浊真的是《三宝感应要略录》的撰者,收录中国历史上及当代僧圣感应的故事应该不为难事。此外,这个问题还与《今昔物语集》震旦部卷八的欠卷问题有关。岩波《新古典文学大系》本《今昔物语集》卷八的解说①中,小峰和明对欠卷的原因做了如下说明:

> 本卷为欠卷,当初即是这种状态。可以确定此卷应篡为三宝灵验中的僧宝灵验。说是僧宝,原本也指菩萨及诸天、明王等,随后配置些僧圣们的话题也未尝不可。资料的核心应该在《三宝感应要略录》46。上卷的佛宝、中卷的法宝对应本集(指《今昔物语集》,笔者注)的第六、七卷。本集的构成和《要略录》有很深的关系是无法否定的。由此看来,其下卷对应本卷(指卷八,笔者注)是最自然不过的看法了。但是《要略录》中还有天竺的话题,即使全部用上也不过只有半卷的分量。(中略)而且僧圣的灵验谭的多数已经在卷六的佛法传来中使用了,因此很难实现。

在此,小峰和明提出欠卷的主要原因是僧宝故事的分量不足。但是《三宝感应要略录》的下卷共有 42 个故事,其中和震旦相关的故事有 27 个(下卷的 3、4、5、6、7、8、9、10、12、13、14、17、19、20、21、22、28、29、30、31、33、34、37、38、39、41、42),比起《今昔物语集》几个故事较少的卷来,其分量足够构成一卷,何况也不是不能使用其他的资料。另外,小峰和明"而且僧圣的灵验谭的多数已经在卷六的佛法传来中使用了"的说法也是靠不住的。其实《今昔物语集》只在天竺部中采用了《三宝感应要略录》下卷的三个僧宝故事(下卷的 1、11、16),而且这三个故事又在前面提到的和震旦有关的 27 个故事之外。岩波《新古典文学大系》本《今昔物语集》中,小峰和明在卷六《玄奘三藏渡天竺传法归来语第六》的注释中标明"出典不详"的同时,又指出《三宝感应要略录》下卷的 17 是这个故事的一组类似故事之一,这和小峰和明自身对《三宝感

---

① 小峰和明「新古典文学大系 34『今昔物語集』二·卷第八解説」,岩波书店,1999 年。

应要略录》僧灵验谭采用问题的分析是矛盾的。

再回到《今昔物语集》卷八的问题上。即使认为《三宝感应要略录》下卷的 17 在《今昔物语集》卷六第 6 话中使用了,《三宝感应要略录》下卷和震旦有关的僧宝灵验谭还有 26 则。为什么《今昔物语集》的撰者不使用现成的《三宝感应要略录》僧宝灵验谭? 这一定是有什么原因的。也就是说,《今昔物语集》的撰者很有可能认为同时采用"别相三宝"的"菩萨、诸天、明王"和"住持三宝"的"僧圣"的故事是不妥当的。

我们再从非浊的一些情况来看这一问题。首先,非浊在利州太子寺讲经纶沙门德云的遗稿 20 卷《一切佛菩萨名号集》之后又补撰了两卷,将全 22 卷上呈兴宗皇帝。从非浊的学识来看,很难相信非浊会无视三种三宝的分类,并由此来构成《三宝感应要略录》的三卷。

其次,《三宝感应要略录》中的部分故事分为"古录"和"新录",但是很难分清这种分类方法的标准。笔者推测有以下两种可能性,即如果是同一个人撰录的话,那么撰录的时间分为前期(古)和后期(新);如果撰者不是同一个人,那么"古录"显然是先前的人撰录的。大正藏本和尊经阁本《三宝感应要略录》中"古录"都只有两处(上卷的 32、33),而且这两个故事都能在唐代海云的《两部大法相承师资付法记》中找到类似的故事,但是这也无法判断是撰者前期撰录的,还是先前的人撰录的。

"新录"的情况是,大正藏本《三宝感应要略录》中有 27 处"新录"(上卷的 7、35、36,中卷的 4、9、16、20、26、43、46、48、53、58、60、69、70,下卷的 6、13、14、22、28、34、36、37、38、39、42),尊经阁本《三宝感应要略录》中有 22 处"新录"(上卷的 7、35、36,中卷的 4、9、16、20、26、46、53、69、70,下卷的 6、13、14、22、34、36、37、38、39、42)。这些"新录"的故事中有天竺、震旦、新罗等不同地域的故事,从时间上看既有唐代的故事,也有时间不明的故事。值得注意的是"新录"的故事中并没有像唐临的《冥报记》那样有记录当代或者身边的故事,因此找不到是否是非浊编撰的重要线索。

六、《三宝感应要略录》的编撰态度

与《三宝感应要略录》的正文构成相关的另一个重要问题是撰者的采用

态度。"新录"和"古录"之外,《三宝感应要略录》的故事题目处基本上都注明了故事的出处,但是这些注记比较混乱。正如先行研究所说的那样,《三宝感应要略录》题注中的出典书籍中没有所注明的故事。《三宝感应要略录》上卷《优填王波斯匿王释迦金木像感应第一》便是其中的一例,题注中有"出阿含、观佛、造像、游历记、律及西国传、志诰等",《游历记》《西国传》《志诰》等书籍已经失传,但是《增一阿含经》等看不到与《三宝感应要略录》一致的故事。李铭敬推测,可能"是比较、取舍时所用的参考资料,或者是一些关联资料留在了题脚注中"①。除了李铭敬提到的情况,还有另外两种情况:一是采用的故事和题注一致的情况,比如上卷的2、8、20等;二是采用的故事和题注不一致,比如上卷的5、6、16、37等。据笔者的考察,虽然题注不同,但都出自《法苑珠林》。

关于撰录方法方面,也存在令人置疑的地方。根据序文可以知道,撰者为了"教被百亿开示缘迹"而"今略表其肝要,粗叙奇瑞"。"粗叙"是指叙述故事的梗概,可是在正文中,比较短的故事也许没有"粗叙"的余地,暂且不谈;比较长的故事有时是照出典的书籍原原本本抄录的,比如上述《三宝感应要略录》上卷的5、6、16,基本上是从《法苑珠林》移植来的;有时只是生硬地删除语句,没有半点"粗叙"的地方,比如《三宝感应要略录》中最长的上卷2的故事。

最后笔者还想稍就跋、偈语与正文的关系来做个补充性的分析。先前的研究没有人提出《三宝感应要略录》的跋、偈语、正文不是一体的疑问,这从跋、偈语、正文的内容关联、构成方式和语言表现的方面来考察也是无法否定的。前文提到《三宝感应要略录》序文的几处语句模仿了《法苑珠林》《四分律删繁补阙行事钞》等典籍,这种倾向在跋和偈语中也能见到。跋文"自余感应良繁,不能具述。今略录三五,以示信彻发誓"添加在最后一个故事的结尾处,匆匆收尾,很难称为正式的跋文。不但如此,跋和偈语的几处语句也都模仿经典。李铭敬指出,《三宝感应要略录》跋中"今略录三五"的语句模仿了《法华经传记》的序文,偈语(画线部分)也模仿了《法华经传记》的卷头偈语。

> 已依集录及口传,略录三宝感应缘。
> 乃至见闻赞毁者,同蒙利益出生死。

---

① 小林保治・李銘敬『日本仏教説話集の源流』,勉誠出版,2007 年。

> 释迦如来末法中，一闻三宝生少信。
>
> 三世罪障尽消除，当生必见诸圣众。
>
> 愿录感应诸功德，回施法界诸有情。
>
> 令获胜生增福惠，同证广大三菩提。①

此外，据笔者考察所见，偈语中"回施法界诸有情，令获胜生增福惠，同证广大三菩提"的语句和《父子合集经》卷九"回向法界诸有情，同证无上菩提果"的语句相似。透过分析《三宝感应要略录》序、跋、偈语等部分及其相互关联，笔者认为越发有必要探讨《三宝感应要略录》撰者的真相问题，而这个问题也很容易让人联想起上文提到的塚本善隆关于真福寺伪戒珠《往生净土传》的问题。塚本善隆在关于平安中期至镰仓初期以伪戒珠《往生净土传》为中心的日本著书情况时指出："大体上来说，日本平安中期至镰仓初期盛行从各种书籍抄袭拼凑的情况。"②

在塚本善隆的这种论断的背景下来考察《三宝感应要略录》，上述各种不自然及令人费解的问题也许正暗示非浊并非是《三宝感应要略录》的撰者。

七、结语

由于篇幅的问题在此无法对《三宝感应要略录》的正文做细致的考察，仅对三宝的分类问题、语汇问题、故事的采用方式以及序、跋、偈语相关的问题作了粗略分析。其中，"肝要"一词的使用和三宝分类的问题是最应该引起注意的。通过"肝要"一词就基本可以认定《三宝感应要略录》是平安中期以后日本人撰录的。塚本善隆曾凭借敏锐的直觉对《三宝感应要略录》的成立和在日本的影响提出了质疑，可惜的是，塚本善隆在其力作《日本遗存的辽文学及其影响》的前半部分中提出问题，但在后半部分又放弃了。当然，相关资料的缺乏会影响正确的推论，但对文本缺乏充分的考察和分析也是当时研究的掣肘之处。虽然塚本善隆认为"遗存的辽文质量都贫弱"，"无法和宋的佛教

---

① 小林保治・李銘敬『日本仏教説話集の源流』，勉誠出版，2007 年。

② 塚本善隆『日本に遺存せる遼文学とその影響』，『東方学報』，1936 年。

著述比较"，但是从非浊的弟子真延讲僧的《陀罗尼幢记》和《一切佛菩萨名号集》相关资料可以看出，他们的汉语表现水准并不低。真延的汉语表现能力和《三宝感应要略录》相比要高得多。非浊的《随愿往生集》得到道宗的赞赏，并编入契丹大藏经，更不要说沙门思孝在其撰写的《一切佛菩萨名号集》的序文中这样评价撰者之一的德云法师是"家传儒，素躬博诗书，工翰工吟，具福具智"①。非浊在德云法师遗作的基础上又添加了两卷，这也是非浊具有超凡的佛学及文学功力的最好的佐证。综合上述各种因素，笔者认为，《三宝感应要略录》一书是平安中期以后日本人伪托非浊之名在日本撰成的。

---

① 《房山石经》28《辽金刻经》，华夏出版社，2009年。

第三章

《冥报记》在《今昔物语集》中的位置

众所周知,《今昔物语集》中有很多与其他书籍类似的说话,最初的《今昔物语集》研究,以寻找这些说话的出典为主。关于震旦部说话的出典研究,占据《今昔物语集》出典研究的重要位置。在冈本保孝的《今昔物语出典考》中,就已经提及《三宝感应要略录》《孝子传》《冥报记》。此后,随着震旦部出典研究的推进,如今《三宝感应要略录》《孝子传》《冥报记》为主要《今昔物语集》的出典几乎成为定论。

《冥报记》作为《今昔物语集》说话的重要出典之一,历来受到研究者们的重视。与《三宝感应要略录》《孝子传》不同,从研究的最初开始,《冥报记》存在的问题并不多,但是在《今昔物语集》的震旦部中,作为出典之一,《冥报记》是怎样的存在? 占据什么样的位置? 这是必须考察的问题。以下在先行研究的基础上,提出并解决与《冥报记》相关的主要问题。

一、《冥报记》撰者唐临的生平及其思想

唐临的生卒年代不详,大致可以推测为初唐时期。1945 年,岑仲勉指出,唐临的卒年最迟不会晚于龙朔元年(661)①。内田道夫推测,唐临的生存时间"大致是在公元 600 年至 660 年"②。内山知也推断唐临的生存时间是

---

① 《岑仲勉史学论文集》,中华书局,1990 年。
② 内田道夫『冥報記の性格について』,『文化』(19),東北大学文学会,1955 年。

"600？—659？年"①。

《旧唐书》和《新唐书》都有唐临的传记。《旧唐书》卷八十五《列传第三十五》有如下记载：

唐临，京兆长安人，周内史瑾孙也。其先自北海徙关中。伯父令则，开皇末为左庶子，坐谄事太子勇诛死。临少与兄皎俱有令名。武德初，隐太子总兵东征，临诣军献平王世充之策，太子引直典书坊，寻授右卫率府铠曹参军。宫殿废，出为万泉丞。县有轻囚十数人，会春暮时雨，临白令请出之，令不许。临曰："明公若有所疑，临请自当其罪。"令因请假，临召囚悉令归家耕种，与之约，令归系所。囚等皆感恩贷，至时毕集诣狱，临因是知名。

再迁侍御史，奉使岭外，按交州刺史李道彦等申叩冤系三千余人。累转黄门侍郎，加银青光禄大夫。俭薄寡欲，不治第宅，服用简素，宽于待物。尝欲吊丧，令家童自归家取白衫，家僮误将余衣，惧未敢进。临察知之，使召谓曰："今日气逆，不宜哀泣，向取白衫，且止之也。"又尝令人煮药失制，潜知其故，谓曰："阴暗不宜服药，宜即弃之。"竟不扬言其过，其宽恕如此。

高宗即位，检校吏部侍郎。其年，迁大理卿。高宗尝问临在狱系囚之数，临对诏称旨，帝喜曰："朕昔在东宫，卿已事朕，朕承大位，卿又居近职，以畴昔相委，故授卿此任。然为国之要，在于刑法，法急则人残，法宽则失罪，务令折中，称朕意焉。"高宗又尝亲录死囚，前卿所断者号叫称冤，临所入者独无言，帝怪问状，囚曰："罪实自犯，唐卿所断，既非冤滥，所以绝意耳。"帝叹息良久曰："为狱者不当如此耶。"

永徽元年，为御史大夫。明年，华州刺史萧龄之以前任广州都督赃事发，制付群官集议。及议奏，帝怒，令于朝堂处置。临奏曰："臣闻国家大典，在于赏刑，古先圣王，惟刑是恤。虞书曰，罪疑惟轻，功疑惟重，与其杀弗辜，宁失弗经。周礼，刑平国用中典，刑乱国用重典。天下太平，应用尧舜之典。比来有司多行重法，叙勋必须刻削，论罪务从重科，非是

---

① 内山知也「唐臨と『冥報記』について」，『大東文化大学漢学会報』（十五），1967 年。

憎恶前人,止欲自为身计。今议萧龄之事,有轻有重,重者流死,轻者请除名,以龄之受委大藩,赃罪狼藉,原情取事,死有余辜。然既遣详议,终须近法。窃惟议事群官,未尽识议刑本意。律有八议,并依周礼旧文,矜其异于众臣,所以特制议法。礼,王族刑于隐者,所以议亲;刑不上大夫,所以议贵。知重其亲贵,议欲缓刑,非为嫉其贤能,谋致深法。今既许议,而加重刑,是与尧舜相反,不可为万代法。"高宗从其奏,龄之竟得流于岭外。

寻迁刑部尚书,加金紫光禄大夫,复历兵部度支吏部三尚书。显庆四年,坐事贬为潮州刺史,卒官,年六十。所撰《冥报记》二卷,大行于世。[①]

在《旧唐书》的基础上,看《新唐书》卷一百十三《列传第三十八》,其中省略了家童"取白衫""煮药"等,描写唐临"宽于待物"的事迹,增加了新的事迹。这就是在"韦挺责着位不肃"的事件中,唐临以"王乱班""大臣亦乱班"来回击韦挺,而唐临每次见到妻子"必正衣冠",鲜明地描写出唐临的性格。对唐临来说,"着位不肃",即列位不整是小事,而王和大夫"乱班"是非常严重的事情。因此,对唐临来说,与妻子见面时,以符合一家之主的面目出现,这也是重要的事情。《新唐书》的唐临传记如下:

唐临字本德,京兆长安人。周内史瑾之孙。其先自北海内徙。武德初,隐太子讨王世充,临以策进说,太子引直典书坊,授右卫率府铠曹参军。太子废,出为万泉丞。有轻囚久系,方春,农事兴,临说令可且出囚,使就畎亩,不许。临曰:"有所疑,丞执其罪。"令移疾,临悉纵归,与之约,囚如期还。

再迁侍御史。大夫韦挺责着位不肃。明日,挺越次与江夏王道宗语,临进曰:"王乱班。"道宗曰:"与大夫语,何至尔!"临曰:"大夫亦乱班。"挺失色,众皆悚伏。俄持节按狱交州,出冤系三千人。累迁大理卿。高宗尝录囚,临占对无不尽,帝喜曰:"为国之要在用法,刻则人残,宽则失有罪,惟是折中,以称朕意。"他日复讯,余司断者辄纷诉不臣,独临所

---

① 《旧唐书》卷八十五《列传第三十五·唐临传》中华书局,1975 年。

讯无一言。帝问故，答曰："唐卿断囚不冤，所以绝意。"帝叹曰："为狱者固当若是。"乃自述其考曰"形如死灰，心若铁石"云。

永徽元年，拜御史大夫。萧龄之尝任广州都督，受赇当死，诏群臣议，请论如法，诏戮于朝堂。临建言："群臣不知天子所以议之之意，在律有八，王族戮于隐，议亲也；刑不上大夫，议贵也。今龄之贪赃狼扈，死有余咎。陛下以异于他囚，故议之有司，又令入死，非尧舜所以用刑者，不可为后世法。"帝然之。龄之，齐高帝五世孙，由是免死。

临累迁吏部尚书。初来济谪台州，李义府谪普州，临奏许祎为江南巡察使，张伦剑南巡察使。祎与济善，而伦与义府有隙。武后常右义府，察知之，谓临遣所私督其过，坐免官。起为潮州刺史，卒，年六十。

临俭薄寡欲，不好治第宅。性旁通，专务掩人过，见妻子，必正衣冠。[1]

根据两唐书的记载，唐临，字本德，京兆长安人，周内史唐瑾之孙。武德初年，隐太子李建成讨伐王世充时，未满 20 岁的唐临向李建成进言，因此被任命为直典书坊。此后，李建成被立为太子，唐临被任命为右卫率府铠曹参军。太子被废后，唐临左迁为万泉丞。此后，再迁为侍御史大夫，历任黄门侍郎，并授予银青光禄大夫的称号。高宗即位后，唐临升为吏部侍郎，同年又升迁为大理卿。永徽元年，任御史大夫。翌年的华州刺史事件之后，任命为刑部尚书，同时授予金紫光禄大夫。历任兵部、度支、吏部尚书。显庆四年（659），因为连坐，发落为潮州刺史。卒年六十。所撰《冥报记》二卷，大行于世。

根据唐临的注记，《冥报记》收录的大部分说话，都是唐临自己听到的各种故事。唐临显然受到三阶教的影响，其影响可以追溯到唐临的外祖父齐公高副。关于此事，在《冥报记》的序文以及上卷第 1 话中可以见到：

开皇初，左仆射齐公闻其（释信行，笔者注）盛名，奏文帝，征诣京师，住公所造真寂寺。

---

① 《新唐书》卷一百十三《列传第三十八·唐临传》，中华书局，1975 年。

　　高副修建的这座真寂寺,是当时三阶教的活动中心,后来改为化度寺①。另外,《冥报记》上卷第1话的结尾有"老僧及临舅说云尔"的注记,是唐临的舅舅从释信行那里听来的故事,这说明唐临的母亲家族与三阶教的创建者关系非常密切。通过两唐书的唐临传记,可以了解他的思想和信仰。正如小南一郎所说的那样:

　　　　身居高位的唐临,其佛教信仰的实体并非知识阶层哲学、理念式的信仰,心情的要素反而很强,另一方面,与日常生活紧密相连,是作为生活规范的信仰,这在《冥报记》中体现的十分明显。②

　　在太宗和高宗的朝廷中任高官的唐临,其政治思想是遵守儒家的正统观念,重视上下尊卑的秩序,在其位,谋其政,善于运用法度,不断获得朝廷的信赖和提拔。显庆二年(657)十月十九日,高宗皇帝的《册唐临吏部尚书文》中有:

　　　　维显庆二年,岁次丁巳,十月丁亥朔十九日乙巳,皇帝若曰:"昔虞舜分司,元凯膺机揆之任,当涂受命,卢毓处铨综之重,故能翊宣景化,协赞时雍。惟尔度支尚书唐临,器识沉敏,操履贞洁,誉满周行,效彰官次。损益机务,爰着循声,藻鉴流品,是资清识,是用命尔为吏部尚书,尔其悬衡处物,虚心待士,求贤审官,循名责实,祗承朝宠,可不慎欤。"③

　　称赞唐临"识沉敏,操履贞洁,誉满周行",唐临还因为"悬衡处物,虚心待士,求贤审官,循名责实"功绩,被任命为吏部尚书。能够感受到唐临由儒家正统观念引发的佛教信仰的博爱和仁慈,新旧《唐书》都记载了"纵囚"和"萧龄之"事件,这无疑是唐临生平中的非常重要的事件。

---

① 小野勝年『中国隋唐　長安寺院史料集成(解説篇)』,法蔵館,1989年。
② 小南一郎:《唐临的佛教信仰和他的〈冥报记〉》,《唐代文学与宗教》,香港中华书局,2004年。
③《唐大诏令集》卷六十二,中华书局,2008年。

二、《冥报记》的撰述

(一) 撰述动机

《冥报记》的撰录,集中体现了唐临的佛教信仰情况。唐临撰录《冥报记》的动机,正如他在序文中所说的那样,抱有邪见,不信因果报应是错误的。唐临认为,人们不信因果的法则的理由,是觉得善恶行为没有明确的报应。心地善良的人可以幸福地度过一生,而行恶的人在现实中也未必会受到惩罚。基于这种情况,认为报应不存在的人不在少数。唐临归纳了认为善恶行为不存在报应的情况,总结出如下三种情况:

> 比见众人不信因果者,说见虽多,因谓善恶无报。无报之说,略有三种:一者自然,故无因果,唯当任欲待事而已;二者灭尽,言死而身灭,识无所住,身识都尽,谁受苦乐,以无受故,知无因果;三者无报,言见今人有修道德,贫贱则早死,或凶恶,富贵灵(龄)长,以是事故,知无因果。①

很多人不相信因果,尽管他们的见解各不相同,但都以善恶的行为没有报应为论据。主张没有这种报应的情况,大致有三种类型。其一,认为是自然发生的事情,没有因果报应,只要按照自己的欲望来对待事物就可以了。其二是灭尽说,死后身体会消失的同时,意识所寄宿的地方也会消失。如果连身体和意识都没有了,那还能以什么作为主体,接受报应的苦乐呢? 因为没有接受者,就会知道没有因果报应。其三是无报说,纵观今世之人,与修成正途的人苦于贫困、夭折不同,恶人多得富贵、长寿。根据这样的世态,人们知道没有因果报应的事情。

以上诸说,唐临认为都是不正确的。首先,唐临从儒家典籍中提出善有善报、恶有恶报的思想,支持自己的主张。此外,唐临还引用史实,说明儒家的报应观:

---

① 『冥報記』,『大正新脩大藏經』第五十一冊,No. 2082。

临窃谓,儒书论善恶之报甚多。近者,报于当时。中者,报于累年之外。远者,报于子孙之后。当时报者,若楚子吞蛭,痼疾皆愈;宋公不祷,妖星多退;淖齿凶逆,旋踵伏诛;赵高惑乱,俄而灭族之类是也。累年报者,如魏颗嫁妾,终以济师;孙叔埋蛇,竟享多福;汉幽鸩如意,苍狗成灾;齐杀彭生,立豕而祟之类是也。子孙报者,若弗父恭于三命。广宣尼之道,邓训岁活千人;遗和熹之庆,陈平阴计,自知无后;栾黡忕侈,盈被其殃之类是也。若乃虞舜以孝行登位,周文以仁贤受命,桀纣以残忍亡国,幽厉以淫纵祸终。三代功德,下祚长久;秦皇骄暴,及子而灭。若斯之比,触类寔繁。虽复大小有殊,亦皆善恶之验。①

按照儒家的说法,应报的出现有当时报、累年报、子孙报三种形式,各个应报的实例在史书上也有记载。所谓时报,即即时带来的报应;累年报,随着时间的流逝,那个人所受的报应;子孙报,某人所做的善恶,不是那个人本身,而是其子孙的幸与不幸。对于儒家的这种应报观,佛教认为有现报、生报、后报三种报。另外,在佛教中,否定了子孙报这种应报的存在,轮回下去的同时,自身一定会受到应报。

佛教的三种报应中,最能给怀疑因果报应存在的人们带来心理冲击的是现报实例,即善和恶的行为,在人的一生中肯定会有善恶报应。唐临指出:

今俗士尚有或(惑)之,多修因而忘果,疑耳而信目,是以闻说后报,则若存若亡,见有受验,则惊嗟信服。②

目前的普通人,对这一点还没有充分了解,忘记了积累很多因,一定会带来果,因此认为听别人所说的是谎言,只相信自己目睹的事情。即使听了"后报",也难以判断是否有这种事情,而眼前出现了这种报应事件,便会惊叹信服。

从这一点出发,唐临在三报中特别搜集了现报的实例,试图告诉人们佛

① 『冥報記』,『大正新脩大藏經』第五十一册,No. 2082。
② 『冥報記』,『大正新脩大藏經』第五十一册,No. 2082。

教因果的法则是真实存在的,这是他编撰《冥报记》最重要的目的。唐临非常了解佛教的真理,但是并没有采取向人们传授真理的姿态,他在序文中写道:

> 上智达其本源,知而无见;下愚暗其踪迹,迷而不返,皆绝言也。中品之人,未能自达,随缘动见,遂见生疑,疑见多端,各怀异轨。释典论其分别,凡有六十二见,邪倒于是乎生者也,临在中人之后,幸而窥万一。①

上智之人,通达其根本原理,虽能理解却无我见。下愚的人,对自己所做的事不了解,陷入迷茫之中,无功而返。关于这两者,不在本文讨论的范围之内。介于两者中间的人们,尚未通达真理,在各自的环境中持有我见,这种自我意识发展成疑惑。与疑惑相关联的我见有各种各样的形式,每个人都会产生不同的想法。佛教经典把这种不同想法区分开来,共有 62 种我见。违背佛教的错误想法,也是从这种我见中产生的。

与佛教背道而驰的错误想法也是在这种"我见"中产生的。唐临庆幸自己既不是上智,也不是下愚,而是处在"迷惑"中的中人的后排,觉悟了佛教的真理。确定了自己的位置。这本《冥报记》是为了让和自己一样的"中人"编撰的,让还在彷徨的"中人"能够明白佛教的道理。"上智"的人,通过生报和后报,会理解佛法的真理。"下愚"的人即使教了也没有效果。唐临说,只有对包括唐临自己在内的"中人"们,为了让他们知道因果法则的存在,提出现报的例子才有效②。

(二) 撰述的态度

正如小南一郎所指出的那样,唐临编撰的《冥报记》是在现实中不可能发生的虚构事件。他所收集的灵异事件,并不是通过书籍等大范围去寻找的,大部分是口口相传的。而且,唐临只收集自己相信确实发生的事情。在这本

---

① 『冥報記』,『大正新脩大藏經』第五十一册,No. 2082。

② 『冥報記』,『大正新脩大藏經』第五十一册,No. 2082。

书中,唐临在收集的事件最后详细记录了自己从谁那里听来的故事。他主要从三类人群那里听取传说。

(1) 唐临的亲属(括号中的数字根据《大藏经》本):外祖(34)、舅(1、2、35、36)、嫂(29)、兄太府卿(19)、兄吏部侍郎(21)。

(2) 僧侣:实秦(3)、道直(5)、法端(6)、总持寺主僧(30)。

(3) 官员:尚书崔敦礼(12、52)、尚书阎立德(52)、刑部侍郎刘燕客(51)、中书侍郎岑文本(19、25、26、32)、给事中韦琨(19)、殿中丞李玄奘(7)、殿中侍御医孙回璞(20)、治书侍御史马周(19)、御史台御史芦文励(12、18、42、43)、监察御史郑余庆(44)、御史裴同节(54)、大理寺卿韦适裕(22)、大理寺少卿辛茂(51)、大理寺丞采宣明(7、31)、大理寺丞董雄(24)、大理寺丞张敬册(27)、大理寺主簿萧孝谐(14)、雍州司马芦承业、杭州别驾张德言(13)。

唐临的这种撰录风格与六朝小说相比,极为独特,初唐以后也很少见。这一编选态度,使灵验谭故事更具有"真实"的印象,使读者信服。例如,中卷第十二"李大安"条,李大安是工部尚书李大亮的哥哥,他在旅途中被佣人杀害。因为大安的妻子为大安制造了佛像,所以凭借佛像的力量,大安得以重生。发生这样的事件后,李大安相信了佛法的存在。在其最后,有如下的注记:"大安妻夏侯氏,即朗州刺史绚之妹,先为临说,后大安兄子道裕为大理卿,亦说云尔。"[1]

李大安的妻子夏侯氏,是朗州刺史夏侯绚的妹妹。夏侯绚曾经告诉过我这件事,后来李大安的哥哥李道裕成为大理卿,也说过此事。

另外,卷中第一"崔彦武"条,魏州刺史崔彦武,想起自己前生是女性,还记得前生住的家。这是转生的故事,其结尾有如下注记:"崔尚书敦礼云然,往年见卢文励亦同,但言齐州刺史,不得姓名,不如崔具,故依崔录。"[2]

尚书崔敦礼是这样说的,先前与卢文励见面时,也说起同样的事情,卢文励只说是齐州刺史,不知道姓名,不如崔敦礼说的详细,因此依照崔敦礼所说记录。

唐临从不同的人那里听到相同事件时,选择记录更为详细的内容,以确

---

① 『冥報記』,『大正新脩大藏經』第五十一冊,No. 2082。

② 『冥報記』,『大正新脩大藏經』第五十一冊,No. 2082。

切的传说为基础,尽可能详细地记述灵异事件。

另外,唐临在序文中还添加付记:"慕其风旨,亦思以劝人,辄录所闻,集为此记,仍具陈所受及闻见由缘。"。

唐临说自己钦慕谢敷等佛教应验记的撰者,因此,自己也编撰同样的书籍,为了劝人向佛,把自己听到的事件记录收集起来,写成了这本《冥报记》。从这一点出发,他详细记录了是从哪里听说的各种事件,以及他们的所见所闻有着怎样的背景。

正如小南一郎所说,这样的注记,是唐临向读者保证所记载的故事确实发生过,同时也为了确认他自己信仰的正确性①。

三、《冥报记》的传本

宋代以后,《冥报记》在中国散失,鲜有对这本书的研究。清末时,杨守敬赴日,收集了许多散失的中国善本书籍,其中有三缘山寺本《冥报记》。杨守敬在《日本访书志》中作了解题。杨守敬去世后,此钞本被民国政府收购,收藏于紫禁城内院南殿东侧的房间,后来被带到台湾,现在收藏在台北故宫博物馆②。与《冥报记》在中国的研究情况相反,日本一直有《冥报记》的传本以及大量的先行研究。关于传本,志村良治、川口久雄、鹤岛俊一郎、三田明弘等人进行了严密的书志学调查。根据志村良治的调查,在日本现存的《冥报记》诸书中,可以看到八种文本:高山寺藏本、前田家尊经阁长治二年抄本、智恩院藏本、三缘山寺书、《大日本续藏经》所收本、《大正新修大藏经》所收本、涵芬楼秘笈所收本、敦煌发掘残卷本等。

其中的敦煌发掘残卷本,其实不是《冥报记》,而是颜子推的《还冤志》抄本残卷。第五、六、七三种,是以高山寺本为文本的活字本。第一、二、三四种,是日本流传的古钞本③。近年来,三田明弘对《冥报记》进行书志研究,使传本的状态更加明确,他举出与《冥报记》文本自身相关的三种钞本④。

---

① 小南一郎:《唐临的佛教信仰和他的〈冥报记〉》,《唐代文学与宗教》,香港中华书局,2004年。
② 三田明弘「故宫博物院藏『冥報記』について」,『アジア遊学』(69),2004年。
③ 志村良治「冥報記の伝本について」,『文化』19,東北大学文学会,1955年。
④ 三田明弘「故宫博物院藏『冥報記』について」,『アジア遊学』(69),2004年。

（一）高山寺本（三卷）

旧钞卷轴，现存最古老的钞本，据传是灵严寺的圆行从唐朝带来的。根据川田刚的调查，《本朝高僧传》"圆行"条的"将来书目"中没有记载。据川田刚推测，弘仁年间（810—823）所著的《日本灵异记》是仿照本书所作，因此该卷子本在圆行入唐以前就已传到日本。明治二十五年（1892），川田刚将其上卷木刻印刷发行。明治四十三年（1910），高山寺住持法龙和尚用玻璃版复制了整卷，内藤湖南留有跋。川田先生认为该卷轴本是唐人真迹，后来成为《大正新修大藏经》的底本。上卷内容与前田家本一致，但中下两卷在顺序上有异同。另外，与前田家本相比，说话的数量也少了四条[①]。所收的说话，上卷有 11 话，中卷有 19 话，下卷有 24 话，共计 54 话；下卷重出了苏长妾的说话，所以实际上有 53 话。

（二）前田家尊经阁长治二年抄本（三卷）

尊经阁藏的是三卷一册粘叶装抄本，是长治二年（1105）在日本抄写的。属于高山寺本和其他系统的抄本。封面以"冥报记上中下"为题，卷末写有"长治二年八月十五日书为令法久住往生极乐也□□之"。前田家本有乎古止点、四声点、与异本的对校、音训的旁注，乎古止点遍及全卷。乎古止点是在兴福寺使用的喜多院点系统，因此，川口久雄推测，这本书上的朱笔是兴福寺的一位僧侣写上去的[②]。全书包括唐临序、上卷 11 话、中卷 20 话、下卷 26 话。可以看到高山寺本没有的 4 话，排列顺序也不同[③]

（三）知恩院本（三卷）

知恩院藏，三卷一轴卷子本，抄写的年代是保元左右，是大正藏本的对校用书。所载说话数为卷上 11、卷中 12 二、卷下 17，是诸本中最少的。没有诸书中所见唐临在结尾的注记，以"云云"作结，或者写完正文[④]。另外，根据三

---

① 川口久雄『冥報記と今昔物語集等について』，『金沢大学法文学部論集』（十四），1967 年。
② 川口久雄『冥報記と今昔物語集等について』，『金沢大学法文学部論集』（十四），1967 年。
③ 鶴島俊一郎『「冥報記」小考』，『駒沢大学外国語部論集』第 18 巻，1983 年。
④ 川口久雄『冥報記と今昔物語集等について』，『金沢大学法文学部論集』（十四），1967 年。

田明弘的研究,这个知恩院本原本是由三缘山增上寺的学僧鹈饲彻定所持有的,明治时期,鹈饲彻定将其带到知恩院,被称为知恩院藏本。另外,该藏本在幕府末期发现三缘山增上寺本时,曾被东叡山宽永寺影写过。宽永寺的影写本后来经森立之手,由杨守敬收藏,现收藏于台北故宫博物院①。

四、 《今昔物语集》对《冥报记》的受容

(一)《今昔物语集》中的《冥报记》出典研究回顾

1. 冈本保孝《今昔物语出典考》

冈本保孝在《今昔物语出典考》中,没有明确区分出典和类话,只是大致列举了与《冥报记》出典有关的说话,即卷七的第 42、43、45、48 话,卷九的第 25、27、28、32、46、42 话,共 11 话,其中卷七有 4 话,卷九有 7 话②。

2. 芳贺矢一《考证今昔物语集》

芳贺矢一在《考证今昔物语集》中,将其分为出典、类话、同一传说等三类,认定与《冥报记》有关的说话有卷六的第 13、14、26 话,卷七的第 25、27 话,卷九的第 14、15、26、35、40、41 话,共 11 话,其中,卷六有 3 话,卷七有 2 话,卷九有 6 话。特别是,卷七的第 42 话中有"说出自冥报拾遗记未得见"的注记,卷九的第 37 话中有"说出自冥报记,高山寺本未载"的注记。而实际上,卷七的第 42 话是前田家本《冥报记》卷中的第 16 话,卷九的第 37 话是前田家本《冥报记》卷中的第 17 话。由此可知,芳贺矢一是根据高山寺本《冥报记》得出结果,他并没有参考前田家本的《冥报记》③。

3. 岩波《日本古典文学大系》本《今昔物语集》(以下简称岩波大系)

在岩波大系《今昔物语集》中,山田孝雄父子继承了芳贺矢一的出典、类话、同一传说的三分类法,确认出更多《冥报记》的出典说话:卷六的第 13、14、26,卷七的第 18、19、25、26、27、28、29、30、31、41、42、43、44、45、46、47、48 话,卷九的第 13、14、15、16、17、18、19、21、22、23、24、25、26、27、28、29、30、31、32、

---

① 三田明弘「故宫博物院藏『冥報記』について」,『アジア遊学』(69),2004 年。
② 岡本保孝『今昔物語出典攷』,国学院大学出版部,1910 年。
③ 芳賀矢一『攷證今昔物語集』,冨山房,1913 年。

33、34、35、36、37、38、39、40、41、42 话,共有 49 话,其中,卷六有 3 话,卷七有 17 话,卷九有 29 话①。

4. 岩波《新日本古典文学大系》本《今昔物语集》(以下简称岩波新大系)

小峰和明校岩波新大系《今昔物语集》震旦部中,与岩波大系《今昔物语集》的分类法基本一致,出典的认定如下:卷六的第 13、14、26 话,卷七的第 18、19、25、26、27、28、29、30、31、41、42、43、44、45、46、47、48 话,卷九的第 13、14、15、16、17、18、19、21、22、23、24、25、26、27、28、29、30、31、32、33、34、35、36、37、38、39、40、41、42 话,共 49 话,其中,卷六有 3 话,卷七有 17 话,卷九有 29 话。调查结果与大系本相同。但是,在卷九第 13 话中加上了"出典一部分是冥报记卷上、十一"的注记,在卷九第 18 话中加上了"出典的一部分是冥报记卷下、二十六"的注记②。

(二)《今昔物语集》震旦部的《冥报记》说话分布意图

根据以上的出处调查可知,岩波大系本和新大系本《今昔物语集》均采用了《冥报记》中的 49 则说话。在先学认定的出典研究成果的基础上,有必要查明 49 话的分布及其意图。

首先,分析一下卷六中的"李大安依法助被害得活语第十三""幽洲都督张高值依法助生存语第十四""国子祭酒肃璟得多宝语第二十六"这三则说话的分布意图。

《今昔物语集》震旦部卷六的第 1～10 话,是关于佛教传入震旦的说话。其后的第 11 话和第 12 话,是释迦牟尼佛灵验传说。第 15～20 话,是弥陀佛灵验传说。夹在两则释迦佛灵验说话和六则弥陀佛灵验说话中间的是第 13 话和第 14 话,是没有具体的佛名的佛灵验说话。这既可以看作是对只有第 11 话和第 12 话两话的释迦牟尼佛灵验说话的补充,也可以看作是从释迦牟尼佛灵验传说过渡到弥陀佛灵验传说的补充。而《三宝感应要略录》上卷第 6 话以《唐陇西李太安妻为安造释迦像救死感应》为题,冠以"释迦像",但说话内容与释迦造像无关。《今昔物语集》的撰者应该非常熟悉《三宝感应要略

---

① 『今昔物語集』,『日本古典文学大系』,岩波書店,1969—1963 年。
② 『今昔物語集』,『新日本古典文学大系』34,岩波書店,1999 年。

录》,从后者所载同话的题目中得到启发,把这则说话配置在释迦灵验说话群中。当然,卷六的第14话也可以看出一同被放入释迦灵验说话群的意图。

卷六的第26话是从《冥报记》中引用的多宝佛灵验话,从《三宝感应要略录》中采用了一组诸佛灵验说话群(第25话的阿閦佛灵验话、第27话的卢舍那佛灵验话、第28话的千佛灵验话、第29话的金刚界曼荼罗诸佛灵验话、第30话的胎藏界曼荼罗诸佛灵验话),《今昔物语集》的撰者特意添加了《三宝感应要略录》中没有的多宝佛灵验话,可以看出撰者尽量让诸佛灵验话更为丰富多彩的意图。

《今昔物语集》的卷七,从《冥报记》引用了17话,即卷七的第18、19、25、26、27、28、29、30、31、41、42、43、44、45、46、47、48话。卷七的第1~10话是《般若经》灵验说话,第11话和第12话是《仁王经》灵验说话,第13话是《无量义经》灵验说话,第14~32话是19则《法华经》灵验说话。此后,从第33~40话有8则是欠话。19则《法华经》灵验说话中,第14、22、23、24话这四则属于《三宝感应要略录》中的说话。第15、16、17、20、21话等5话是采用《弘赞法华传》的说话。第32话出典不详。第18、19、25、26、27、28、29、30、31话等9话来自《冥报记》,几乎占据19则《法华经》灵验话的半数。从中可以窥见《今昔物语集》撰者对《法华经》的重视和对《冥报记》说话的喜爱。

《今昔物语集》卷九中的《冥报记》说话,笔者在《关于今昔物语集的孝子说话》[①]中有论述,即卷九的第13、14、15、16、17、18、19、21、22、23、24、25、26、27、28、9、30、31、32、33、34、35、36、37、38、39、40、41、42话。《今昔物语集》卷九,名为"孝养",收录了46则说话。46则中的17则与《孝子传》说话有关,还有一则配置在《今昔物语集》卷十,也就是说《今昔物语集》中有18则《孝子传》说话。

除了《孝子传》说话之外,《今昔物语集》卷九其余的29话都来自《冥报记》。来看其配布情况,首先,第1~12话是普通的孝子说话。第13话开始,话题发生变化。第13~19话是从《冥报记》摄取的说话。第13话和第14话从儒教的孝转换为佛教的孝,把冥报说话当作孝养谭。第15话和第16话是

---

① 金偉・呉彦「『今昔物語集』の孝子説話について—巻九の構成意図を中心に」,『文藝論叢』第73号,大谷大学文藝学会,2009年。

一组,是讲述遵守生前的契约,从冥界告诉亲友善恶报应的实况和官期的说话。第 17、18、19 话,3 话为一组,属于"偿债"报应谭的主题,特别是第 18、19 话,都是受到恶报,变成畜生转世的内容。这个话题和"孝养"的主题之间有明显的偏差,重要的是,这 3 话的介入是过渡到第 20 话必要前提。这 3 话作为铺垫,第 20 话也与动物有关,进入《冥报记》系话群(特别是因恶业转生为动物的话型),成为新的说话类型的开始。从第 21～42 话,再次出现来自《冥报记》的说话群,这组说话群与第 20 话伯奇复仇谭有共鸣,在话题和结构两个层面上都有关联①。

五、结语

如上所述,与《三宝感应要略录》《孝子传》不同,《冥报记》从开始就不存在太多的问题。本论以先行研究成果为基础,考察《今昔物语集》震旦部是如何采用《冥报记》说话的,及其在《今昔物语集》构成上起到的作用。在震旦部的卷六、卷七、卷九三卷中,《今昔物语集》的撰者以一定的组织意图安排了取自《冥报记》的说话。在卷六的诸佛灵验说话群的构成中,从《冥报记》中采用三话进行编排,这是不可忽视的。卷七的经灵验话群的构成中,从《冥报记》中采用了 17 则说话,其中九则是《法华经》灵验说话,显示出撰者重视《法华经》的态度。关于卷九的构成意图,《今昔物语集》的撰者是把《孝子传》和《冥报记》说话混合起来,围绕着"孝养"的主题同时,主要突出第 20 话的伯奇复仇谭,这对研究古代日本对儒家孝思想的接受问题,具有重要参考价值。

《今昔物语集》对《冥报记》的受容不仅涉及说话的主题层面,还涉及其构成层面。《今昔物语集》对这些说话的采用和配置,体现出撰者明确的编撰意图。

---

① 金偉・呉彦「『今昔物語集』の孝子説話について―巻九の構成意図を中心に」,『文藝論叢』第 73 号,大谷大学文藝学会,2009 年。

第四章

《今昔物语集》卷八与卷十八的欠卷问题研究

　　《今昔物语集》的欠卷问题,是《今昔物语集》研究的著名难题之一,至今尚未解决。本章就其欠卷问题,在追溯先行研究的基础上,以新的视角来探究欠卷的原因。

　　笔者关注《今昔物语集》的欠卷问题,是从研究《三宝感应要略录》的撰者问题开始的。关于这一问题笔者已在第二章"《三宝感应要略录》的撰者"中做了具体论述。简而言之,围绕《三宝感应要略录》撰者的问题,笔者依据多种相关史料,对《三宝感应要略录》的成书时间,非浊的生平经历和著述情况,文本中存在的用语及表达等问题进行了深入的考察分析,在此基础上,笔者推断这部著作极有可能是平安中期以后日本人伪托非浊之名撰成的,其中"肝要"一词的使用和"三种三宝"的分类问题是有力的佐证。恕笔者赘言,从《三宝感应要略录》收录的164个故事的分类来看,其中的佛宝和法宝概念属于"住持三宝",而僧宝则属于"别相三宝"。这一点尤其值得注意。虽然不清楚《三宝感应要略录》的撰者为何将分属于"住持三宝"和"别相三宝"的说话混用,但这一现象促使我们对《今昔物语集》卷八及卷十八的欠缺情况重新做出推断。

一、《今昔物语集》卷八及卷十八欠卷问题的先行研究

　　众所周知,《今昔物语集》由31卷组成,其中的卷八、卷十八、卷二十一,不知因为何种原因欠卷。马渊和夫通过分析欠文问题,最先提出了《今昔物语

集》的"未定稿说"①。此后,关于欠卷问题,国东文麿有如下看法:

> 《今昔物语集》的欠卷(卷八、卷十八、卷二十一),果真是散佚了吗?如果是散佚的话,究竟是什么类型的说话? 或者只是留下了卷名,当初就没有编撰? 即使没有编撰,至少应该收载的说话种类应该会有预定吧? 各个欠卷都对应什么内容呢? 可以说这些问题还没有给出明确的答案,这也是因为在问题的性质上,很难明确地下结论,但如果这些问题能够解决的话,不仅对本书的组织和卷数、卷序问题作出了一份贡献,而且对于了解本书的性质和撰述意图,以及考察本书成立的情况,都会提供有许多方便。②

国东文麿的上述观点,包含了两种情况,即"散佚说"和"未定稿说",这也是欠卷问题的大概看法。本章考虑到与周边资料的关联,选取"未定稿说",在具体分析欠卷原因时候,说明这种选择的理由。

除国东文麿的观点外,片寄正义在《今昔物语集的研究》第一编的第六章、第二编的第二章第七节中也论及《今昔物语集》的欠卷问题。

《今昔物语集的研究》第一编第六章:

> 卷八与前卷一样,可以认为是"震旦付佛法"。这种设想,从这一卷前后的卷七、卷九的出典研究来看,多少也可以推论出来。也就是说,前田家本《冥报记》等与卷七、卷九同样,可以想象在欠卷八中也是重要的资料。

《今昔物语集的研究》第二编的第二章第七节:

> 卷八如今欠卷,也许在这些散逸说话中,或许也有以本书(《冥报记》,笔者注)为出典的内容。③

---

① 馬淵和夫『今昔物語集における欠文の研究』,『国語国文』,1948 年。
② 国東文麿『今昔物語集成立考』,早稲田大学出版部,1962 年。
③ 片寄正義『今昔物語集の研究』,芸林舎,1974 年。

　　另外,坂井衡平也阐述了前田家本《冥报记》成为《今昔物语集》卷八出典资料的可能性极高的看法①。

　　而国东文麿反对这些推论,他在《今昔物语成立考(增补版)》中指出:

　　　　被认为是欠卷的卷八与《三宝感应要略录》卷下相对应。也就是说,此处应该是《三宝感应要略录》卷下僧宝聚的诸菩萨灵验话。

　　这段论述之后,国东文麿又提出了不同观点:

　　　　《三宝感应要略录》卷下,除文珠、普贤、弥勒、观音、势至、地藏之外,有五大力、药王、药上、马鸣、龙树、世亲等诸菩萨的灵验谭,天竺、震旦部共四十二话,震旦有二十三话。其中,有的说话极短,有的内容难以采用,除去这些的话,能够收录的说话就更少了,必然需要从其他书籍中获得相当数量的说话加以补充。补充是困难的,如果将全部说话按照两话一类的排列方式排列的话,就更加困难了。从这一点来看,卷八的编撰是在没有任何办法的情况下告终的。即卷八并未成立。②

　　梅谷繁树也有关于欠卷的论述,特别是对话数不足的解释是客观的:

　　　　国东文麿的学说,今天似乎被认为是妥当的,听不到什么反论。《今昔物语集》中,整卷未成立的,还有卷十八和卷二十一。但是卷十八与卷八不同,现在很难推测其出典可能依据的文献。(中略)《今昔物语集》中,众所周知,像卷二十二、二十三、二十五、三十那样,各卷分别只收录了八话、十四话、十四话、十四话。如果考虑到这一点,关于卷八,《今昔物语集》的编著者完全放弃了从《三宝感应要略录》中可以收录说话的约半数,这应该是可疑的吧。仅凭国东文麿预想的理由,恐怕很难做出解释。而且,都认为卷八和卷十八应该收录诸菩萨、诸僧灵验谭,全卷没有

① 坂井衡平『今昔物語集の新研究』,誠之堂書店,1925年。
② 国東文麿『今昔物語集成立考』(増補版),慶文堂書店,1978年。

成立,这让人推测是否有什么别的事情介入。①

沿用国东文麿的学说,小峰和明在岩波新大系本《今昔物语集》卷八的解说中,对欠卷的原因作了如下解释:

> 本卷欠卷,据说当初就没有的。设想编为三宝灵验的僧宝灵验。僧宝本来指的是菩萨、诸天、明王等,接下来当然应该配置僧圣们话题。资料的核心是《三宝感应要略录》,佛宝的上卷、法宝的中卷对应本集的卷六、卷七。不能否定《三宝感应要略录》与本集的构成有很深的关系,那么,下卷与本卷对应是最自然的看法。但是,《三宝感应要略录》中也有关于天竺的话题,即使全部使用,也不过只有半卷的程度。(中略)而且,僧圣的灵验谭大多已经在卷六的佛法传承中使用过了,所以也很难实现。②

小峰和明在这里提及说话的数量,《三宝感应要略录》下卷有 42 话,其中 27 则是震旦的说话(下卷的第 3、4、5、6、7、8、9、10、12、13、14、17、19、20、21、22、28、29、30、31、33、34、37、38、39、40、42 话),比《今昔物语集》中话数少的卷多,足以构成一卷,而且也不是完全不能使用其他的资料来源。小峰和明还提到,"而且僧圣的灵验谭很多已经在卷六的佛法传承中使用过了"。实际上在《今昔物语集》的天竺部中,《三宝感应要略录》下卷的僧宝说话只采用了三话(下卷的第 1、11、16 话),而且,这三话在与震旦有关的 27 则僧宝说话之外。岩波新大系《今昔物语集》中,小峰和明在卷六《玄奘三藏渡天竺传法回归语第六》的注释中,注记为"出典未详",同时又说《三宝感应要略录》卷下第 17 话是与此话类似的话群之一,与其对《三宝感应要略录》僧灵验谭采用的分析相矛盾。

再回到卷八构成上来,即使《三宝感应要略录》卷下第 17 话被视为出典,《三宝感应要略录》卷下,与震旦相关的僧灵验说话还有 26 话。为何《今昔物语集》的撰者没有使用《三宝感应要略录》僧灵验谭? 其中应该有某种原因。

---

① 梅谷繁樹「『今昔物語集』における『三宝感応要略録』受容についての雑考」,『園田学園女子大学論文集』,1985 年。
② 小峯和明『今昔物語集』巻十八題解,『新日本古典文学大系』4,岩波書店,1994 年。

二、 从《三宝感应要略录》中的"三宝"分类看《今昔物语集》欠卷问题

笔者从《三宝感应要略录》撰者的考察开始,自然把目光转向了《三宝感应要略录》中"三宝"的分类。如《三宝感应要略录》的序文所述,全书由灵像感应(佛宝)、尊经感应(法宝)和菩萨感应(僧宝)三卷组成,有必要分析其中的"三宝"概念,根据唐代明旷的《天台菩萨戒疏》,三宝分为三类。唐代李师政在《法门名集》中也论述了三种三宝。

对照上述分类法,《三宝感应要略录》的佛宝、法宝概念属于"住持三宝",而僧宝概念属于"别相三宝"。如果《三宝感应要略录》的撰者了解三种三宝的话,不会混用"住持三宝"和"别相三宝"。或许因为《三宝感应要略录》撰者的手中缺乏震旦"剃发染衣"的"凡夫比丘"的相关记载。如果非浊是真正的撰者,那么收录历史上的僧传和当代僧圣们的传说就不会是难事。第一章已经提到,非浊在利州太子寺讲经纶沙门德云的遗稿20卷《一切佛菩萨名号集》之后又补撰了2卷,将全22卷上呈兴宗皇帝,从非浊的学识来看,很难相信非浊会无视三种三宝的分类,并由此来构成《三宝感应要略录》的三卷。

再回到欠卷问题上,也就是说,《今昔物语集》的撰者认为同时采用"别相三宝"中的"菩萨、诸天、明王"和"住持三宝"中的"僧圣们"的话题是不妥当的,因此没有使用《三宝感应要略录》下卷的菩萨灵验谭。与卷八的欠卷相吻合,卷十八的欠卷也是受卷八撰述意图影响的结果。

小峰和明对卷十八的欠卷也提出了数量说。的确,从卷八到卷十八,僧灵验说话的数量是欠卷的原因,但问题的出发点不同。正如梅谷繁树先生所质疑的那样,欠卷不是数量的问题。从根本上来说,卷八的采用原则也涉及卷十八的欠卷问题,虽然《三宝感应要略录》卷下有26则僧灵验谭,因为不符合"住持三宝",所以没有被采用。

三、 结语

对《今昔物语集》欠卷的研究关涉对其整体构成的理解,其意义不言而喻。但是,从日本的《今昔》研究的历史和现状来看,对欠卷的研究始终未能

脱离数量之说的窠臼。从以上的分析中可以明显看出，卷八欠卷的原因与采用说话的数量关系不大，虽然国东文麿和小峰和明都认为卷八应该与《三宝感应要略录》下卷的僧宝说话相对应，但他们给出的理由无法令人信服。虽然梅古繁树质疑"话数不足"的解释，但没有提出具体的反论。

在考察《三宝感应要略录》撰者的过程中，笔者发现这部著作中的佛宝和法宝说话依循的是三种三宝分类中的住持三宝，而僧宝说话则属于别相三宝。因此，斗胆做出一种新的推测，即《今昔物语集》的撰者未采用《三宝感应要略录》的僧宝说话，极有可能是因为他觉得别相三宝的僧宝不应与住持三宝的僧宝混在一起。卷十八的情况应该也出于这一原因。这一问题的发现也在一定程度上证明了《今昔物语集》的撰者是有明确的编撰意识的。

第五章

《今昔物语集》僧灵验起始问题研究

　　《今昔物语集》是平安末期成立的说话集,具体的成立年代及编者尚无定论。《今昔物语集》全书共分 31 卷,其中卷八、卷十八及卷二十一欠卷,因此也被称为未完成的说话集。这部说话文学巨著,由天竺、震旦和本朝三部分构成的,以佛法僧顺序配置各部的说话。各部的排列状况,大体上遵循这个排列,而各卷的说话排列,又呈现出不同的情况。研究震旦部卷六和卷七的说话排列,不仅对震旦部的整体构成研究极为重要,对研究卷八的欠卷原因和本朝部的整体构成也具有重要意义。本章以震旦部的卷六和卷七为中心,分析说话配置的意图,解决僧灵验说话的起始问题。

一、《今昔物语集》僧灵验说话的先行研究

　　《今昔物语集》卷六和卷七各收 48 话,其中,卷七的第 33～40 话为欠话。最早的《今昔物语集》卷六、卷七说话的出典研究,有冈本保孝的《今昔物语出典考》,他整理了狩谷棭斋、伴直方、木村正辞等人的研究成果。接下来,有芳贺矢一的《考证今昔物语集》、片寄正义的《今昔物语集的研究》、山田孝雄父子校注的岩波大系本《今昔物语集》、小峰和明校注的岩波新大系本《今昔物语集》等。这方面的研究,日本学术界已经积累了 150 多年的研究成果,岩波新大系本《今昔物语集》中,关于卷六和卷七的出典,有明确的定论。

　　首先,简略回溯一下上述结论,《今昔物语集》卷六的情况是：第 1～16 话出典不详,第 13、14、26 话出自《冥报记》,其余都出自《三宝感应要略录》。《今

昔物语集》卷七的情况是：第1～9话、第11～14话、第23～24话出自《三宝感应要略录》，第10、15、16、17、20、21话出自《弘赞法华传》，第18、19、25～31、41～48话出自《冥报记》；此外，卷七的第32话出典不详。

关于《今昔物语集》成立的正式研究，始于国东文麿的《今昔物语集成立考》。此后，有小峰和明《今昔物语集的形成与结构》（笠间书院，昭和六十年）、森正人的《今昔物语集的生成》（和泉书院，昭和六十一年），推进了《今昔物语集》的生成、组织及部卷构成研究。根据国东文麿的学说，卷六的第1～10话是"关于震旦佛法产生与开展的诸说话"，卷六的第11～30话是"佛像灵验话"。关于卷六的第31～48话、卷七的第43～48话，国东文麿指出：

> 今昔卷七的末尾数话不能看作是诸经灵验话，即使是第四十三话的金刚般若经灵验话，其位置也不合理。应该是诸经灵验话撰集结束后，又附加的内容（但并非后世增补的内容）。①

关于《今昔物语集》说话的组织构成，国东文麿提出了"两话一类样式"，当然这也通用于卷六和卷七。国东文麿在《今昔物语集全说话的展开表》卷六的注中指出：

> 本卷从第一话到第十话，是震旦佛教史说话群，是按照年代顺序配列震旦佛法传来、展开的说话。②

另外，国东文麿在同表卷七的注中，详细论述了第43话的配列位置：

> 第四十三话从文本的中间开始欠缺。此话是《金刚般若经》灵验说话，本来不应该排列在此处。在此接续前面的《涅槃经》灵验说话，应该是一般的佛法灵验说话，因为捕捉了前话（第四十二话）正文中的《金刚般若经》，作为说话的联想契机，被安置在此处。但是后来发现排列不

---

① 国東文麿『今昔物語集成立考』(增補版)，早稲田大学出版部，1978年。
② 国東文麿『今昔物語集成立考』(增補版)，早稲田大学出版部，1978年。

当,可能中途便终止了记述。①

在此基础上,国东文麿还指出,第43、44、45、46话,这两组说话联想契机是"一般佛法",并对此进行解释:

> 这意味着脱离特定的经典,以所有佛经或者总括性的佛法作为联想的契机。因此,特定的经典灵验说话到第四十四话为止,从第四十五话开始,经藏、一般佛法、戒律、忏悔等灵验说话并列,与法宝灵验说话结合。②

岩波大系本《今昔物语集》的校订者,在卷八的"解说"中介绍了国东文麿的组织论的同时,对"震旦付佛法"的卷六、卷七、卷八(欠),和"本朝付佛法"的卷十一至卷十七的说话配置进行了分析。卷六的第31～35话是《华严经》灵验谭,这是源自国东文麿的分类,而"解说"页左上方的图表中,将卷六的第32～48话分类为佛经灵验谭,图表中没有出现卷六的第31话"天竺迦弥多罗华严经传震旦语"。从卷六的第11～30话、第32～48话,卷七的第1～32话、第41～48话的说话类型来看,说话中的主人公们几乎都是灵验谭的经验者,卷六的第31话与《华严经》有关,但并非是主人公迦弥多罗自身的灵验谭,只是记述了《华严经》传入震旦,这可能是岩波大系本《今昔物语集》的校订者没有将这则说话纳入佛教灵验谭的原因。

岩波新大系本《今昔物语集》的校订者,在卷六的"解释"中,分析了卷六的构成,阐述了不同的见解:

> 卷头是秦始皇弹压佛法,这显示出认为中国是从秦始皇统一秦后开始的。(中略)佛教正式传来是后汉的明帝时代,天竺的摩腾迦和道教的道士们对决,经过一番较量获胜后,在白马寺传教(第二话)。此后,达摩、康僧会、鸠摩罗什、玄奘、善无畏、金刚智、不空、佛陀波利(第三至十

---

① 国東文麿『今昔物語集成立考』(増補版),早稻田大学出版部,1978年。
② 国東文麿『今昔物語集成立考』(増補版),早稻田大学出版部,1978年。

话)和著名僧圣的话题连续登场。(中略)第十一话开始,转移到佛、法、僧三宝灵验的主题,佛法是释迦(第十一、十二话)、第十三、十四话的佛名不明、阿弥陀(第十五至二十话)、药师(第二十一至二十四话)、阿閦(第二十五话)、多宝(第二十六话)、毗卢舍那(第二十七话)、千佛(第二十八话)、金刚界、胎藏界曼荼罗(第二十九、三十话)。第31话开始是佛宝,即经典的灵验,《华严》(第三十一至三十五话)、《阿含》(第三十六话)、《方等》(第三十七至四十八话)。最后的话群是《维摩经》《首楞严经》《阿弥陀经》《金光明经》《药师经》等,展示出各种各样的经灵验①。

另外,岩波大系本《今昔物语集》卷七的"解释"中指出:

> 卷七接续了卷六的经典灵验,《般若经》(第一至十二话)、《无量义经》(第十三话)、《法华经》(第十四至三十二话)、(第三十三至四十次话)、《涅槃经》(第四十一至四十二话)、杂(第四十三至四十八话),最后的话群是《金刚般若经》、经藏、戒律、忏悔等,主题转向了冥途苏生谭。第四十三话的《般若经》,应该是让人联想起前话的《涅槃经》和《般若经》的灵验而配置的。经典灵验有很多,但并非是任意选取的,按照《华严》《阿含》《方等》《般若》《法华》《涅槃》的顺序,结合释迦的生平和经典的形成展开的,即所谓的天台五时八教。②

以上,整理了与震旦部卷六和卷七的说话排列构成相关的先行论述,在赞成诸先学的洞见的同时,继续探讨存在的问题。

二、《今昔物语集》僧灵验说话研究遗留的问题

关于卷六、卷七的配列构成,岩波大系本和新大系本在各自的"解说"中,阐述了不同的见解,主要有两点不同之处。首先,岩波大系本将卷六的第31

---

① 小峯和明『今昔物語集』,『新日本古典文学大系』34,岩波書店,1999年。
② 小峯和明『今昔物語集』,『新日本古典文学大系』34,岩波書店,1999年。

话排除在佛经灵验谭之外,而岩波新大系本认为"第三十一话开始为法宝,即经典的灵验"。后者显然没有注意到第 31 话的主人公迦弥多罗传播《华严经》的经历,只是注目于《华严经》的出现。这里可以看出,关于卷六第 31 话的话题,岩波大系本和新大系本着眼于不同的重点。严格地说,这则说话是继前话的佛灵验谭之后,讲述天竺圣者迦弥多罗将极为殊胜的《华严经》传入震旦同时,又为从后一则说话开始的《华严经》灵验谭说话群的登场进行铺垫。

另一处不同点是,岩波大系本认为:"卷七的第六至四十三话是经典灵验谭,第四十四至第四十八话是关于说经、造寺、三昧定、持戒、忏悔的灵验谭。"

而岩波新大系本认为卷七的第 43~48 话:"最后的话群转入到《金刚般若经》、经藏、戒律、忏悔等冥途苏生的主题。第四十三话的《般若经》是为了让人联想前话的《涅槃经》和《般若经》灵验而配置的。"

新大系本关于卷七第 43 话的解说与国东文麿说不同,可以发现这种解说不符合说话文本的实态,"震旦陈公夫人豆卢氏诵金刚般若语第四十三"并非冥途苏生谭,是经典灵验谭,而"震旦李思一依涅槃经力活语第四十二",则是典型的冥途苏生谭。因此,岩波大系本《今昔物语集》卷七第 1~43 话是经典灵验谭的观点的是稳妥的;还认为卷七的第 44~48 话是"关于说经、造寺、三昧定、持戒、忏悔的灵验谭"。而新大系本《今昔物语集》认为卷七的第 43~48 话的主题移到了冥途苏生谭,分类为"杂"。笔者对上述两大系的学说都抱有疑问,通过文本分析可以看出,不仅卷七的第 43 话,接下来的第 44、45 话也并非冥途苏生谭。

关于《今昔物语集》卷六、卷七的构成,小峰和明认同国东文麿在《今昔物语集成立考》中提出的观点,而此后森正人和原田信之的研究,对其进行了新的解释和补正。根据森正人的研究,卷六的第 1~10 话几乎是按照年代顺序配置的,但第 3 话和第 10 话是例外。如果按照年代顺序配置,第 3 话是梁武帝时代的说话,应该置于 4、5 话之后。第 10 话是唐仪凤元年的说话,应该置于第 7 话之前①。对于国东文麿的诸经灵验谭是基于天台五时的见解,原田信之又将这个学说推进了一步,指出震旦部的法宝说话是根据天台五时教判进行分类的,而且这个分类很有可能是为了将真言宗与天台宗进行比较,在

---

① 森正人『今昔物語集の生成』,和泉书院,1986 年。

内容的重要性上,撰者没有高低之分①。

以上,在追溯先行研究的同时,梳理卷六和卷七在构成上残留的问题。最终,问题集中在卷七第 43 话的分类上。卷七的第 43 话果真如岩波大系本所说,是经典灵验谭吗? 或者如新大系本所说,"最后的话群是《金刚般若经》、经藏、戒律、忏悔等,主题转向了冥途苏生谭。第四十三话的《般若经》,应该是相让人联想起前话的《涅槃经》和《般若经》的灵验而配置的"。在此有必要对文本进行分析,在卷七第 43 话和其出典的《冥报记》中卷六第 18 话对照的基础上,进行文本研究。首先来看《冥报记》中卷六第 18 话:

> 陈公太夫人豆卢氏,芮公宽②之姊也。夫人信福,诵《金刚般若经》。未尽卷,一纸许,久而不彻。后一日昏时,苦头痛,四体不安。夜卧愈甚。夫人自念,傥死遂不得终经,欲起诵之,而堂烛已灭。夫人因起,命婢燃烛。须臾婢还。厨中无火,夫人命开门,于人家访取之。又无火。夫人深益叹恨。忽见庭中有燃火烛,上阶来入堂内,直至床前,去地三尺许,而无人执,光明若昼。夫人惊喜,头痛亦愈,即取经诵之。有顷,家人钻燧得火,燃烛入堂中,烛光即灭。便以此夜诵竟之,自此日诵五遍以为常。后芮公将死,夫人往视。公谓夫人曰:"吾姊以诵经之福,寿百岁,好处生。"夫人至今尚康。③

再来看《今昔物语集》卷七第 43 话:

震旦陈公夫人豆卢氏诵金刚般若语

今昔、震旦二陳公ノ夫人有ケリ、豆盧ノ氏也、芮公寛ノ姊也。其ノ人、心二福ヲ願テ、常二金剛般若経ヲ讀誦シケリ。

如此ク誦シテ年月ヲ経タル間二、日暮方二及テ経ヲ讀ム。未ダ一

---

① 原田信之『今昔物語集南都成立と唯識学』,勉誠出版,2005 年。

② 芮公宽:即豆卢宽(582—650),字僧奴,昌黎徒河(今辽宁锦州市)人,鲜卑族。北周南陈郡公豆卢通之子,隋文帝杨坚外甥,母为昌乐公主。初仕隋朝,唐高祖平定关中后,随萧瑀赴长安,授光禄大夫、岐州刺史。唐太宗即位后,迁礼部尚书、镇军大将军,封芮国公。

③ 説話研究会編『冥報記の研究』,勉誠出版,2000 年。

枚許不讀畢ル程ニ、夫人、俄ニ頭ヲ痛ム事難堪シ、亦、四枝ヲ不安シテ、伏シテ弥ヨ煩フ事无限シ。此ノ人、自ラ心ノ内ニ思ハク、「我レ、俄ニ身ニ重病ヲ受タリ。若シ死ナバ、遂ニ　此ノ経ヲ讀畢奉ル事不有ジ」ト思テ、起テ経ヲ讀マムト為ルニ、前ナル燭既ニ滅ヌ。

其ノ時ニ、夫人、自ラ起テ燭ヲ燃ス事不能ズシテ、前ニ有ル女ヲ遣テ火ヲ令燃ルニ、程无ク其ノ遣ツル女歸リ来テ云ク、「家ノ内ニ火无シ」ト。然レバ、夫人、尚、外ノ人ノ家ニ遣テ火ヲ求ルニ、尚、火无シ。夫人、无限ク嘆キ思フ程ニ、忽ニ見レバ、庭ノ中ニ燭有リ。其ノ燭、前ナル階ヨリ直ク床ノ前ニ来ヌ。燭、地ヲ離タル事三尺許上タリ。燃セル人不見ズ、明キ事畫ノ如シ。夫人、此レヲ見テ驚キ喜ブ事无限シ、頭ヲ痛ム事亦止ヌ。即チ、経ヲ取テ讀誦スル間、暫ク有ルニ、家ノ人、火ノ消タル事ヲ聞テ、火ヲ鑽テ燃テ堂ニ持
来ルニ、本、庭ノ中ニ出来タリツル火ハ、忽ニ不見ズ成ヌ。夫人、経ヲ讀奉リ畢テ、心ニ希有也ト思フ。

其ノ後、毎日ニ讀誦スル事五遍也。然ル間、夫人ノ弟ノ芮公、病ヲ受ケテ既ニ死ナムトス。夫人、芮公ノ所ニ行テ見ルニ、芮公、夫人ニ語テ云ク、「我レ、夫人ノ讀経ノカヲ以テ、命百歳有テ、死テ遂ニ善所ニ生レムト」云フ。夫人ノ歳八十也ケル時ニ。（以下缺）[1]

译文：

从前，震旦陈公夫人[2]豆卢氏是芮公宽的姐姐。她发愿祈福，经常读诵《金刚般若经》。

她成年累月读经，每天读到日暮。一次，还有一页未读，夫人便头痛难当，四体不安，烦恼无比。心想："我已身患重病，如果死了就不能再读此经。"想到这里，她便起身读经，可眼前的蜡烛熄灭了。

这时，夫人已经不能起身，便让侍女去取火点燃蜡烛。过了一会儿，

① 山田孝雄等『今昔物語集』，『日本古典文学大系』23，岩波書店，1973 年。
② 陈公夫人：《法苑珠林》记作"唐窦家大陈公夫人"，《太平广记》记作"唐陈国窦公夫人"。

侍女回来说道:"家中无火。"夫人又让别的人去,也没有取来火。夫人正在感叹,突然发现庭中有烛光。烛光上了台阶,直奔床前而来,离地有三尺,明如白昼,可是看不见秉烛的人。夫人惊喜无比,头也不痛了。当她正要取经读诵时,家人听说火熄了,便点燃灯火拿进来。由庭中进来的烛光突然不见了。夫人读完经后心里还是感到奇怪。

此后,夫人每天读诵五遍经。夫人的弟弟患病即将去世,她来到芮公家中探望。芮公对姐姐说道:"姐姐,你因为读经之力可活到百岁,死后能往生极乐。"夫人当时已经八十岁了。(以下缺)①

通过对照文本可以看出,《冥报记》中卷第 18 话和《今昔物语集》卷七的第 43 话,除去结尾部分,内容极为相似。再将卷七的第 43 话与同卷的第9、10 两则《金刚般若经》灵验谭进行比较,例如与第 10 话鸽子以听闻《法华经》和《金刚般若经》的功德转生为人的说话相比,第 43 话虽然缺乏奇异的色彩,但是有两处内容必须注意,其一是看不见身影的秉烛人,另一处是主人公因为诵读《金刚般若经》而长命百岁,死后转生善所,即往生极乐净土。如此看来,《今昔物语集》卷七的第 43 话无疑是《金刚般若经》灵验谭。这正如国东文麿所说,第 43 话的般若经灵验谭是为了联想前话的《涅槃经》和《般若经》灵验而配置的。因此,岩波大系本将其纳入经典灵验谭说话群是妥当的。

另外,关于《今昔物语集》卷七的第 43 话末尾的缺文,将其与《冥报记》中卷第 18 话进行对照,卷七的第 43 话不过是欠缺一两句的程度,对说话整体几乎没有影响。与其说是说话末尾的记述中断,不如说是缺句更为合适。

三、《今昔物语集》僧灵验说话的起始

在判明《今昔物语集》卷七第 43 话的种类和位置的基础上,接下来分析卷七第 44~48 话的说话类型。这五则说话的出典,岩波大系本和新大系本都认为是《冥报记》。首先来看这五则说话的内容。

---

① 此话出自《冥报记》中(18)。同话见于《法苑珠林》卷十八、《太平广记》卷一百○三。

(一)《今昔物语集》卷七第 44 话

河东僧道英知法的故事

从前,震旦有位僧人名叫道英,年轻时起修禅行,从不倦怠,从不在意服饰。智弘大智大慧,深解经教,对义理无所不通,过目不忘。远近僧尼竞相前来乞教,道英则回答:"你们有疑问,应认真思考。"道英讲解教义,领悟者高兴而归,没有领悟者继续前来请教。道英有问必答,详细解说。前来请教的人都能领悟高兴而返。

一次,道英和众人乘船横渡黄河,船在河中沉没,众人皆落水而死。岸边的僧俗众人看见道英落入水中非常焦急。当时是冬季,河面开始结冰,两岸陡峭如壁。道英在水中走到岸边,穿过冰面登上陆地。岸上的人看见后又惊又喜,争相脱下衣服,想披到道英浸湿的身上,道英谢绝道:"我体内极热,不需要你们的衣服。"说着缓步而归,看不出有丝毫寒意。人们皆感到不可思议。

道英有时牧牛,有时为人驾车,还有时吃蒜,有时身着俗衣,头发长二三寸,看不出像是个僧人。有一次,道英去仁寿寺,寺中的僧人道慧非常尊敬道英,留他住在寺中。日暮时,道英求食,道慧说道:"看不出圣人想吃东西,是随便说说吧。"道英听后笑道:"让你的正心惊跳不已,何必挨饿自苦。"道慧听此言后感叹不已,后来死去。①

(二)《今昔物语集》卷七第 45 话

震旦幽州僧知菀造石经藏纳法门的故事

从前,震旦幽州有位僧人名叫知菀,发誓专心学习经教。

隋大业年间,知菀发心刻造石经藏,以使佛法流传久远,他在幽州北面的山岩上开凿洞窟,打磨四壁,在墙壁上刻写经文。还打磨出方形石,

---

① 此话出自《冥报记》上(6)。同话见于《法苑珠林》卷三十三、《华严经传记》卷三。

在方石上刻写经文,安置在石窟里。石窟装满后,再用石块堵上洞口,像用铁堵塞的那样牢固。

当时,有位内史侍郎,名叫萧瑀,深信佛法,得知知菀造石经之事,非常感动,奏请施舍绢千匹及金钱资助。萧瑀施舍绢五百匹,国王及众百姓得知后,争相施舍财物。知菀得到施舍后,雇来许多工匠,实现誓愿。

僧俗众人聚集岩下,用木材建造佛堂及食堂回廊。这里缺少木材砖瓦,价格昂贵。一天夜里,天下起了大雨,电闪雷鸣,地动山摇。第二天清晨,人们发现,有千株松柏堆积在河道上。此山树木极少,松柏更是稀有。僧俗皆感动惊异,不知松柏是从哪里来的,便寻迹来到深山,看见峰崩树倒,松柏由此而来。远近的人们听说此事后无比喜悦,知道这是依神所助。

知菀让工匠取来木材,剩余的分给乡里。乡里的人们非常高兴,前来帮助修造佛堂。知菀刻写的石经装满了七座石窟,他实现心愿,心满意足地死去。

此后,知菀的弟子们继承他的事业,勤奋不怠。①

(三)《今昔物语集》卷七第46话

真寂寺慧如得阎魔王请的故事

从前,震旦京师的真寂寺②有位僧人,名叫慧如禅师,年轻时起便深信佛法,专心修道。

一次,他对弟子说道:"千万别来惊动我。"说完便打坐不动,一直打坐了七天。弟子非常吃惊,感叹不已。一位有智慧的人说道:"此人已入三昧定中。"七天后,慧如睁眼便哭。弟子及僧众既感动又惊讶,便问他缘由。慧如答道:"你们先看看我的脚。"众人见慧如的脚被烧伤,已经红

---

① 此话出自《冥报记》上(7)。同话见于《法苑珠林》卷十八、《太平广记》卷九十一。
② 真寂寺:隋代创立,位于长安朱雀街义宁坊南,三阶教的总本山。唐武德二年(619)时改名为化度寺。

肿溃烂,奇痛无比。众人看见后问道:"这是怎么回事? 先前你的脚好好的,现在怎么溃烂了?"

慧如答道:"是阎魔王请我去了,我遵循王命在那里呆了七天。阎魔王说:'你想见你死去的父母吗?'我说:'想见。'阎魔王让人带来一只龟,龟来舔慧如的足底,流泪而去。阎魔王说道:'为什么不把另一个人带来?'使者答道:'另一人的罪极重,不能召来。'阎魔王问慧如道:'你真想看吗?'慧如回答:'真想见。'阎魔王说道:'好,和使者一起去看吧。'使者领慧如来到地狱,地狱的大门紧闭着。使者在狱门外高声叫门,听见里面有人应答。这时,使者对慧如说道:'你离远点,别站在狱门前。'慧如听从使者的指教,正往远处去时,狱门打开了。大火从狱门中喷出,就像锻冶时铁锤击打熔铁般火星飞溅。一个火星落到慧如的脚上。慧如惊惶失措,刚看见狱门内铁水中的一百颗人头,狱门便关上了,没能相见。"听者皆感到非常奇异。

慧如又说道:"阎魔王要送给我三十匹绢,被我谢绝了。"他回到房中,看见床上有绢。慧如脚上的烧伤有铜钱大,百余日后才痊愈。

真寂寺后来该名为化度寺。记录其寺的缘起文中记下了此事。[①]

(四)《今昔物语集》卷七第47话

震旦邵师弁复活持戒的故事

从前,震旦有位东宫右监门兵曹参军,名叫邵师弁。尚未若冠时患病而死。父母悲泣不已,但无力回天。

过了三天,他在半夜时复活过来,父母非常高兴。师弁说道:"我死时,有很多人来捕我,将我带入一座官府的大门。有一百多人和我一样被抓来了,大家站成六行皆面朝北。站在前面的是些身体白胖,衣服整洁,气度不凡的人。站在后面的依次逐渐瘦弱寒酸,有的戴枷锁,有的不戴,只是将衣袖连在一起,由森严的卫兵看守。师弁站在第三排靠东侧

① 此话出自《冥报记》上(2)。同话见于《法华传记》卷三、《法苑珠林》卷五十二。

的第三行,他没有戴枷锁,衣袖被连着。师弁的心里非常恐惧,没有任何办法,只是诚心念着佛号。

这时,他看见一位生前认识的僧人。这位僧人穿过卫兵的把守走了进来,卫兵看见僧人进来,并不阻拦。僧人走到师弁身边说道:'你活着的时候不修功德,现在如何?'师弁答道:'请可怜可怜我,救救我。'僧人道:'我现在救你,回去后要诚心守戒。'师弁说道:'我回去后一定诚心守戒。'冥官将这些被捕来的人带到官衙内轮流审问。师弁看见那位僧人向冥官解释师弁的福业,冥官听后将师弁放了。僧人领着师弁走出门外,对师弁解说五戒,以瓶水为师弁灌顶,说道:'日落西山时你可以复活。'又将一件黄色的衣服交给师弁说道:'你穿回家后放到清净的地方。'师弁按照僧人的指教,穿着这件衣服回家,先将衣服叠好放在床角。"

师弁刚睁开眼睛活动身体的时候,父母及家人异常恐惧,惊呼道:"起尸啦!"但师弁的母亲守在他的身旁问道:"你活过来啦?"师弁说道:"日落西山时我可以复活。"师弁还以为此时是正午。母亲说道:"现在已经是半夜了。"师弁渐渐还了魂,明白了生死及昼夜,得知日已西至,便起床饮食如故。床角上的那件衣服慢慢消失了,但其光七日不散。

师弁诚心持五戒。过了数年,一位朋友劝他吃猪肉,师弁不得已吃了一口。当天夜里,师弁梦见自己变成了罗刹,长着长爪利齿捕食活猪。师弁拂晓醒来后,口吐腥秽的血污,他急忙呼人来看,嘴上还沾着凝血。师弁惊恐不已,从此断绝肉食。

又过了数年,师弁娶妻。妻子强劝他吃肉,他又吃了。吃了很长时间也没有什么反应。可是过了五六年,师弁的鼻子上生了一个大疮。大疮很快溃烂,至死也没有愈合。师弁知道这是因为自己破了戒,虽昼夜朝暮恐惧不安,但也无济于事。

耽于拙味,破戒食肉,忘记了先前冥途之事,也不思后世之苦,这样的行为太愚蠢了。①

---

① 此话出自《冥报记》中(13)。同话见于《法苑珠林》卷九十四、《太平广记》卷三百七十九。

（五）《今昔物语集》卷七第 48 话

震旦华州张法义依忏悔复活的故事

从前，震旦华州①的郑县②有个人，名叫张法义，身贫如洗，不知礼法。

贞观十年，张法义入华山伐木时，看见岩洞里有位僧人。他上去和僧人搭话，不知不觉到了黄昏，他无法下山，便在此留宿。僧人取来松脂给他吃，说道："贫僧在此居住已久，不为人知。你回去后不要对别人说我在此居住。"僧人又为法义解说俗世的罪业，然后说道："人死后皆堕入恶道，你如果诚心忏悔，可以消除罪过。"僧人让法义沐浴净身，并脱下僧衣给他穿。第二天清晨，法义忏悔而别，回去后没有对任何人说起此事。

十九年后，法义患病而死。由于家中贫寒，备不起棺木，法义被草草地葬在荒野，墓里塞着柴薪。不久，法义复活过来，拨开柴薪从墓中出来，返回家中。家人看见他回来，无比惊愕，询问其缘由。法义说明了复活的经过。家人听说后皆欢喜不已。

法义说道："我刚死的时候，有两位官人将我捕到空中，飞进官府的门中，又沿巷向南行十里，左右皆有官宅，门阁相对。行至一官宅前，捕我的一青衣使者对遇见的官人说道：'他是华州的张法义。'官人问道：'原来限三日将他带来，为什么用了七天？'使者说道：'法义家有只恶犬，还有术师行咒伤我，好不容易才将他带来。'使者说着，袒肩露背给官人看，背部已经青肿。官人说道：'你们也有过，各杖二十。'使者被杖得鲜血淋漓。官人又说道：'这是记录法义罪过的文书，交给判官。'判官和主典前来取法义的案簿，案簿甚多。主典在法义面前翻阅，看见有一处用红笔记录的文句道：'贞观十一年，法义的父亲让他去砍柴，法义睁着眼睛心里暗骂，大逆不道，杖八十。'这时，法义看见从前居住在岩洞里的僧人来了。判官问僧人道：'为何而来？'僧人说道：'张法义是我的弟子，他

---

① 华州：中国古代行政区划名，北魏太和十一年（487）置，在今陕西省渭南市华州区境内及周边地区，因州境内有华山而得名，辖境屡有变化。

② 郑县：古县名，在今陕西省渭南市华州区华州街道附近，周宣王母弟郑桓公的封邑之地。秦武公十一年（公元前 687 年）设郑县。

已忏悔完毕，灭除了罪过。我追到此处，阻止他死。'主典说道：'忏悔的事案簿上也记录了，可他暗骂父亲的事发生在忏悔之后。'僧人说道：'如此说来得好好查查案簿。'判官和主典领着法义去见阎魔王。阎魔王的宫殿非常大，侍卫有数千人。僧人也跟随着来到这里。阎魔王看见僧人站起身来问道：'法师来此有何贵干？'僧人回答：'来查询弟子张法义的案簿记录，他的宿罪已经向贫僧忏悔，现在死期未到。'主典向阎魔王说了法义暗骂父亲的事情。阎魔王说道：'暗骂父亲是忏悔之后的事情，不能赦免。但既然法师为此事而来，就拘留七日后赦免。'法义对僧人说道：'七天不算太长。我来后看不见法师，心中非常恐惧，请法师陪我在此居几天。'僧人说道：'七天就是七年。你得尽早回去。'法义请求法师帮他离开这里。僧人去和阎魔王借笔，在法义手掌上写下一个字。阎魔王又在字上打了个印，说道：'你可以走了，回家要专心修善根。以后再来，如果见不到我，就出示掌中的印记。我会怜悯你。'

法义听完阎魔王的话即刻离开了。僧人指示法义回到家中，法义不敢进去。使者推了他一把，才复活过来。法义的心渐渐醒悟过来，发现自己被葬在土中，但是感觉土很薄，用手轻轻一推便出来了。"

其后，法义入山跟随先前遇见的僧人专心修道。掌中的印记变成疮疤，一直也没有愈合。①

国东文麿将《今昔物语集》卷七的第 44 话置于经灵验谭终结的位置，将其归类为经灵验谭。但是，与上述的经灵验说话群相比，这则说话与前面的一系列说话不同。卷七的第 43～48 话出自《冥报记》，第 44 话和第 45 话分别出自《冥报记》上卷的第 6 话和第 7 话，卷七的第 46～48 话分别出自《冥报记》上卷的第 2 话、中卷的 13 话、下卷的第 24 话。后三则是冥途苏生型说话，但是说话的旨趣并没有放在冥途苏生上。而且，卷七的第 44～48 话与前面的一系列说话的不同之处是，说话中没有提及具体的佛和经典。这组说话有一个共同特征，即以僧侣的经历为中心。例如，有逃离水难的僧人（卷七第 44 话）、有成就建佛堂心愿的僧人（卷七第 45 话），另外，卷七第 46 话和第 47 话的情况

---

① 此话出自《冥报记》下（24）。同话见于《法苑珠林》卷八十九、《太平广记》卷一百十五。

是,僧人在冥界拯救主人公,看上去是从冥界生还的普通冥途苏生谭,但主要着眼点是讲述僧人的灵验。《今昔物语集》卷六和卷七中,有与佛像灵验相关的冥途苏生谭,例如,卷六的第 11、12 话(释迦像)、第 13 话(佛像)、第 18、19 话(阿弥陀像)、第 21、24 话(药师像)、还有第 29 话(金刚曼荼罗)。另外,有与佛经灵验相关的冥途苏生谭,例如,卷六的第 33、34、35 话(《华严经》),第 38 话(《维摩经》),第 39 话(《楞严经》),第 41 话(《金光明经》);卷七第 2 话(《大般若经》),第 3、8 话(《般若经》),第 19、22、23、30、31、32 话(《法华经》)、第 42 话(《涅槃经》)。如上所述,卷七的第 44～48 话中,僧人的作用与上述佛像和佛经相同,因此,无法否认卷七的第 44～48 话是僧灵验谭。

如果将《今昔物语集》卷七的第 44 话与《三宝感应要略录》佛宝聚第三十六《念胎藏大曼荼罗感应(新录)》进行比较的话,《今昔物语集》的编纂者很有可能把这则说话选为佛灵验谭。

《三宝感应要略录》佛宝聚第三十六《念胎藏大曼荼罗感应(新录)》:

> 传闻大兴善寺传法灌顶阿阇梨惠应有一人沙弥,从七岁师事和上,至七岁有因缘。附船渡新罗,忽遇暴风,乘舶顿覆。五十余人没海,不知何处漂寄。沙弥一心念胎藏圣众曰:"诸海会众,起大悲心,普救船众,如梦见虚空。"圣众如星散光。身忽在岸上。五十余人不溺没,同在一处,其中二十余人谓见空圣众,当知救难之力不可思议矣。①

这则说话是《今昔物语集》卷六的第 30 话《震旦沙弥念胎藏界遁难的故事》的出典。同为水难的说话,《三宝感应要略录》佛宝聚第三十六是佛灵验谭,因为沙弥唱胎藏大曼荼罗,得到虚空圣众的救助。而在《今昔物语集》卷第七的第 44 话中,僧人作为僧人逃离水难,并没有依靠佛及佛经的法力。

四、结语

在把握《今昔物语集》卷六和卷七的构成时,最应该注意的是根据佛法僧

---

① 小林保治・李銘敏『日本仏教説話集の源流』,勉誠出版,2007 年。

三部构成的基准来配置各卷的说话。国东文麿和新大系《今昔物语集》卷七"最后的话群是金刚般若经、经藏、戒律、忏悔等,主题转向了冥途苏生谭"的观点,脱离了《今昔物语集》整体构成的原则,视线拘泥于说话排列的局部。关于佛法僧三部的构成问题,有必要提及"三宝"的分类,唐代的李师政在《法门名义集》中,将"三宝"分为如下三种:

> 三宝:佛宝、法宝、僧宝。三宝有三种:一者一体三宝,法身体有妙觉,名为佛宝;法身体有妙轨,名为法宝;法身离违争,名为僧宝。二者别相三宝,丈六化身以为佛宝;不说教法以为法宝;大乘十信已上、小乘初果已上,名为僧宝。三者住持三宝,泥龛素像以为佛宝,纸素竹帛以为法宝,凡夫比丘以为僧宝。

《今昔物语集》卷第六中,最初的 10 则是将佛法传入震旦的僧圣说话,第 11~30 话全部是佛像灵验说话。其中,第 11、12、15~25、27~30 等 17 则说话,是源自《三宝感应要略录》的佛灵验说话,而佛灵验谭是以"泥龛素像以为佛宝",即以"住持三宝"为基准。经灵验说话是从卷六的第 31 话开始的,贯穿卷六的剩余部分,在卷七的第 43 话结束。其中,卷六的第 31~48 话,卷七的第 1~9 话、第 11~14 话、第 22~24 话,是源自《三宝感应要略录》的经灵验谭,并且是"住持三宝"的"纸素竹帛"的经灵验说话。正如笔者在前一章中论述的那样,《今昔物语集》的编者之所以不把《三宝感应要略录》中的"大乘十信已上,小乘初果已上",即"别相三宝"的菩萨说话用于僧灵验谭,恐怕是因为不赞同《三宝感应要略录》的编者混用"住持三宝"和"别相三宝",始终以"住持三宝"为基准来选择《今昔物语集》的出典说话。因此,卷七的第 44~48 话,几乎都是"凡夫比丘"的僧灵验谭。

第六章

《今昔物语集》中的"野干"说话

一、野干是狐狸吗？

野干与狐狸究竟是什么关系？基于这个疑问，笔者开始进行这方面的调查，始于十几年前开始着手翻译《今昔物语集》的时期。《今昔物语集》中，关于野干有三则说话，一则是卷十四的第5话《为救死野干写法华人的故事》，一则是卷十四第22话《比叡山西塔僧春命读诵法华知前生语》，还有一则是卷二十第14话《野干变人形请僧为讲师语》，这则说话只有题目，原文缺失。岩波新大系本《今昔物语集》中，卷十四的第5话和卷二十第14话并没有关于野干的注释。卷第十四第22话关于野干的注释如下：

> 狐の異称、字類抄「野犴、ヤカン、野犬也、狐也」。また「狐、コ、キツネ。野干同」。①

在其他的古典作品中，例如，岩波新大系本《注好选》中，有两则关于野干的说话，即下卷的第9话和第48话。第9话中，也是明确将野干解释为："野干、は狐の別称。"②

---

① 『今昔物語集』，『新日本古典大系』34，岩波書店，1994年。
② 『注好選』，『新日本古典大系』，岩波書店，1994年。

岩波新大系本《日本灵异记》上卷缘第二,也将野干解释为狐狸①。

通过上述诸例,可以说"野干是狐狸的异称"的说法,几乎是日本学界的定论。

"野干"一词源自佛教经典,查阅佛教经典的结果如下:

(1)《佛说长阿含经》卷十一:"野干称师子,自谓为兽王欲作师子吼,还出野干声。"②

(2)《杂阿含经》卷三十五:"譬如野干欲作狐声。发声还作野干声。"③

(3)《大般若波罗蜜多经》卷第五十三:"为诸雕鹫乌鹊鸱枭虎豹狐狼野干狗等种种禽兽。"④

(4)《大乘理趣六波罗密多经》卷第一:"或作师子象马熊罴虎豹豺狼野干狐兔。"⑤

(5)《无明罗刹集》卷上:"狐狼野干满于里巷亦入人舍。(中略)彼中狐狼野干豺狸罴虎鵰鹫鸱枭互相搏食。"⑥

从上述资料来看,野干与狐狸完全不同,是另一种动物。

(6)《一切经音义》卷第二十七:

> 狐狼野干(扈都反。玉篇、妖兽也,鬼所乘,有三德,其色中和,小前大后,死必首丘。梵云悉伽罗,此言野干。色青黄如狗,群行夜鸣声如狼。子虚上林赋,腾远野干;司马彪、郭璞注,并云射干,能缘木。射,音夜,广志云:巢于危岩高木;禅经云:见一野狐,又见野干。故知二别)。⑦

(7)《翻译名义集》:

> 悉伽罗。此云野(音夜)干,似狐而小形,色青黄如狗,群行夜鸣如

---

① 『日本霊異記』,『新日本古典大系』,岩波書店,1994 年。
② 『大正新脩大蔵経』第一卷,第 69 頁。
③ 『大正新脩大蔵経』第二卷,第 250 頁。
④ 『大正新脩大蔵経』第五卷,第 298 頁。
⑤ 『大正新脩大蔵経』第八卷,第 867 頁。
⑥ 『大正新脩大蔵経』第十六卷,第 851—852 頁。
⑦ 『大正新脩大蔵経』第五十四卷,第 486 頁。

狼。郭璞云：射(音夜)干，能缘木。《广志》云：巢于绝岩高木也。《大论》云：譬如野干，夜半逾城，深入人舍。(中略)辅行记云：狐是兽，一名野干，多疑善听。颜师古注《汉书》曰：狐之为兽，其性多疑。每渡河冰，且听且渡，故言疑者，而称狐疑。《述征记》云：北风劲河冰合，要须狐行。此物善听，冰下无声，然后过河。《说文》云：狐妖兽也。鬼所乘，有三德。其色中和，小前大后。死则首丘。郭氏《玄中记》曰：千岁之狐为淫妇，百岁之狐为美女。然《法华》云：狐狼野干，似如三别。祖庭事苑云：野干，形小尾大。狐即形大。禅经云：见一野狐，又见野干。故知异也。①

(8)《梵语杂名》②中，记录了狗和狐狸等动物名称的梵语发音，见图6-1。

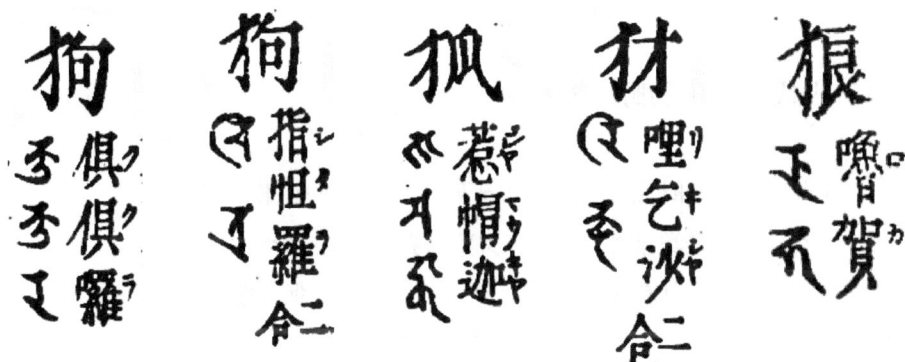

图6-1 《梵语杂名》中狗、狐狸的发音

狗的第一种发音是"俱俱啰"，第二种发音是"指怛罗"。狐狸的发音是"惹帽迦"。犲(豺)是"哩乞沙"。狼是"噜贺"。

根据 *Sanskrit English Dictionary*③：

狗(俱俱啰)　kukura＝kukkur——a dog(p287)

---

① 『大正新脩大藏経』第五十四卷，第1089頁。
② 『梵語雑名』，睿山沙門真源校『翻訳大德兼翰林待詔兗定寺歸・国沙門禮言集』，PARIS LIBRAIRIE ORIENTALISTE PAUL GEUTHNER, 1929 年。
③ Monier Williams, *Sanskrit English Dictionary*, M. A：Claren Press.

狗（指怛罗）　śrgâla——a jackal（p1087 ）

狐（惹帽迦）　lomataka——a fox（p 908）

另外，根据《梵和大辞典》[①]：

犲（哩乞沙）——rksa　熊黑，犲（p288）

狼（噜贺）——vrka　狼（p1265）

此处的"指怛罗"（śrgâla——a jackal），在荻原云来著《梵汉对译佛教辞典》（又称《翻译名义大集》）中解释为："śrgâlah，野干。"

由此，可以断定野干（śrgâla、悉伽羅）是胡狼（a jackal）。

二、古代典籍中的野干和狐狸

日本早在平安时代开始就有关于野干和狐狸的记载。

首先，在《和名类聚抄》[②]中，有犲狼和狐狸，没有野干。

《本草和名》[③]中有："犲皮、一名野犴、和名於保加美。狐陰莖、和名岐都禰。"

《色叶字类抄》[④]中有："狐　コ　キツネ　射干也。野干同。"

上述岩波新大系本《今昔物语集》卷十四第 22 话，关于野干的注释，源自《色叶字类抄》的解释。在日本，野干是如何变成狐狸的呢？很难确定最早的例子，但是在《日本灵异记》中有野干的说话，即《狐为妻令生子缘第二》。尤其值得注意的是：

其家室于稻舂女等，将充间食，入于碓屋。即彼犬将咋家室而追吠。

---

① 『梵和大辞典』，講談社，1997 年。

② 『和名類聚抄』毛群部，名古屋市博物館本，1992 年，第 211 頁。

③ 『本草和名』，『続群書類聚』雑部第三十輯，第 409—410 頁，国書刊行会，1922 年。

④ 『色葉字類抄』下巻，尊経閣蔵本，勉誠出版，1984 年，第 362 頁。

即惊澡恐,成野干登笼上而居。家长见言:"汝与我之中子相生,故吾不忘,每来相寐。"故诵夫语而来寐。故名为支都祢也。

在这则说话中,狐狸被赋予了"来寐"(来つ寝)的意思,而实际上确定了妻子原本是"野干"的化身。由此,狐狸和野干成为同一种动物。

1777 年之后刊行的《和训栞》中,关于"狐"的解释如下:

きつね、狐をいふ、きつにともいふ。(中略)きつとばかりもいへる也、けつねともいへり。(中略)きは黄也、つは助辞、ねは猫の略なるべし。俗に狐を野干とす、仏経に射干と見えて狐とは異れり。

译文:

きつね,称为狐,也叫きつに。(中略)也只称きつ,或者けつね。(中略)き是黄色,つ是助辞,ね是猫的略称。俗称狐为野干,佛经中所见射干与狐不同。

此处野干作为狐狸的俗称,并意识到与佛经中的"射干"与狐狸不同。此后,在日本一直认为野干是狐狸。

三、野干和射干

野干有时也写成"射干"。"射"是多音字,其发音也可以与"野""夜"相同。《翻译名义集》中,引用了郭璞的注,即"郭璞云,射(音夜)干能缘木",以此来解释射干的字音。另外,前述《色叶字类抄》在,狐的解释是:"狐 コ キツネ 射干也 野干同。"

但是,射干还有别的意思。在大量中国古典文献中,射干是作为植物登场的,例如,《楚辞·九叹·愍命》中有以下诗句:"掘荃蕙与射干兮,耘藜藿与蘘荷。"[①]

———————

① 《楚辞补注》,中华书局,1983 年。

《荀子》劝学篇第一有详细解释:"西方有木焉,名曰射干。茎长四寸,生于高山之上,而临百仞之渊。木茎非能长也,所立者然也。"①

《昭明文选》卷十九宋玉《高唐赋》中有:"青茎射干,揭车苞苞并。见本草。夜干,一名乌扇,今江东为乌莲,史记为射干。"②

另外,在日本上代文献中,也能够看到作为植物的射干。

《本草和名》解释:"射干,一名乌扇,和名加良须阿布岐。"③

前述《色叶字类抄》22(一)卷上:"射干　ヤカン　カラスアフギグ　又作夜干　烏扇同。"

《万叶集》中,野干(或射干)作为枕词,这在《古事类苑》④中有记载。

《古事类苑》"动物部、兽五"引用了《燕石杂志》:"万葉集に野干玉と書てぬばたまと訓じたるは狐は陰獣にして、夜をむねとすればなるべし。"⑤译文为:"《万叶集》写为野干玉,训读为ぬばたま,狐是阴兽,夜应该为むね。"

马琴误将"野干玉"中的"野干"认为是狐狸,实际上是植物射干。在《万叶集》中,"野干玉"(ぬばたま)是"夜"及"黑"的枕词,共有36首歌中出现了这个枕词。《古典文学全集》本(小学馆)《万叶集》卷一第89首歌的头注解释如下:

　　「ぬばたまの」黒・夜などの枕詞。ぬばたまはあやめ科の多年草ひおうぎ(射干)の実。夏黄赤色に暗紅点を散らしたような六弁の花を開き、花後の蒴果が割れると光沢のある種子が現れる。その濃黒色をもって比喩とした。

译文:

　　"ぬばたまの"是黑、夜等的枕词,ぬばたま是菖蒲科多年草射干的

---

① 《荀子集解》上,中华书局,1988年。
② 和刻本『文選』第一卷,汲古書院,1974年。
③ 『本草和名』,『続群書類聚』雑部第三十輯。
④ 『古事類苑』,神宮司庁蔵版,吉川弘文館刊行。
⑤ 『燕石雑志』,『馬琴初の随筆集』,1810年。

果实,夏天开黄红色的六瓣花,上面散有暗红点,花期后,剖开蒴果里面有光泽的种子,以其浓黑色来比喻。

四、 青犴和野干

《礼记、玉藻》中,有"青犴",郑玄的解释为:"犴,胡犬也。"[①]

《淮南子·道应训》中关于"青犴"的解释,高诱的注释为:"犴,胡地野犬。"[②]

根据上述郑玄和高诱的注释,"青犴"无疑是指野干,或者可以说"青犴"是梵语的"śrgâla"。如果确认"犴"是由梵语的"śrgâla"产生的词语的话,这不仅能够反映出古代中国和印度的文化交流的实态,更为重要的是,这意味着印度的佛教文化在《淮南子》完成以前已经传入中国。

五、 结语

佛教经典中,"野干鸣"与"师(狮)子吼"经常对举出现,如《央掘魔罗经》:"设我野干鸣,一切莫能报;况复能听闻,无等师子吼。"

《长阿含经》:"野干称狮子,自谓为兽王;欲作狮子吼,还出野干声。独处于空林,自谓为兽王;欲作狮子吼,还出野干声。跪地求穴鼠,穿冢觅死尸;欲作狮子吼,还出野干声。"

"野干是狐狸的异称"的说法,几乎是日本学界的定论。这种说法起源于《日本灵异记》上卷缘第二《狐为妻令生子缘》,这则说话讲述一位男子娶狐为妻,并生下一子。一日,妻子独自回家取食物时:

> 犬将咋家室而追吠,即惊澡恐,成野干登笼上而居。家长见言:"汝与我之中子相生故吾不忘,每来相寝。"故诵夫语而来寝。故名为支都

---

① 《礼记正义》,北京大学出版社,2000 年。
② 《淮南子集释》,中华书局,1998 年。

祢也。

此处的"支都祢"来自对"每来相寐"的解释,即"每"对应"都",日语"つね
に(每每,经常的意思。)";"来"对应的是"支",日语"くる(来的意思)";"寐"
对应的是"祢",日语"寝る(睡觉的意思)"。由此可见,早在奈良时代的《日本
灵异记》中,"野干"就已经成为"狐狸"(きつね)的异称了。

第七章

《今昔物语集》的地狱、冥界故事研究

"地狱"这个概念伴随着佛教东渐传入日本。原本"地狱"是梵语 Naraka（奈落迦）或 Niraya（泥梨耶）的意译语，意为"苦的世界"。东汉安世高译所译《佛说十八泥梨经》始终使用"泥梨"，而不使用"地狱"。

> 佛言：人生见日少，不见日多。善恶之变不相类。侮父母，犯天子，死入泥犁。中有深浅。火泥犁有八，寒泥犁有十。入地半以下火泥犁，天地际者寒泥犁。①

说到"地狱"，首先会想起热地狱和寒地狱，不过，关于它的具体情况在诸经中有不同的记述。对地狱构想整理最为完备的是《大毗婆沙论》，其中所描述的地狱位于赡部洲（也叫阎浮提）之下，四万逾缮那②的地方，位于无间地狱之上。无间地狱位于最底部，支撑着等活地狱、黑绳地狱、众合地狱、叫唤地狱、大叫唤地狱、炎热地狱、大炎热地狱等七大地狱。地狱是个长宽高皆为二万尺的立方体③，除此之外，小地狱和孤地狱在经典中也有提及。通常因罪业而堕落的地方是八热地狱（也称八大地狱）。

---

① 『佛説十八泥梨経』，『大正新修大蔵経』第十七卷。
② 逾缮那：也称由旬，古印度的距离单位，1 由旬 7 英里，或 9 英里。
③ 石田瑞麿『日本人と地獄』，春秋社，1998 年。

一、《往生要集》中的地狱观

古时日本人认为死去的人会去黄泉之国,并永远留在那里。"黄泉"一词来自中国,意指地下的世界。《左传·隐公元年》中有"不及黄泉,无相见也"的文句。《古事记》里有访问黄泉国的故事。伊耶那美命因为生下了火神而死,伊耶那岐命想见妻子伊耶那美命,便追到了黄泉国。

作为一种观念,所谓"地狱"是从何时开始的,又是如何被接受的,是一个非常难以解释的问题。日本佛教经历了私传和公传两个途径后慢慢地传播开来,从草堂佛教时期进入伽蓝佛教时期,建立起僧尼制度,举行各种佛教仪式,逐渐掌握了佛教的教理和知识。到了奈良时代,随着六道思想的传播,"地狱"之说在某种程度上被接受,并散见于僧侣的著作和愿文中。特别是举行十一面悔过法会的东大寺二月堂,供奉着主尊十一面观音像,从观音像的光背上可以看到地狱变相图,由此可窥见六道轮回的思想在当时已经为人们接受。对地狱观念的理解的真正成熟,还是进入平安时代以后的事,从当时宫中的仪式佛名会的举行、《佛名经》的诵读、地狱屏风和地狱画的制作等可以看出,地狱思想对贵族社会的影响甚大,特别是地狱理解的提高与净土信仰有着很深的关联。源信的《往生要集》对这种观念的落定做出了重要的贡献[1]。

《往生要集》是源信为劝人念佛,整理有关极乐往生的种种问题而写成的书籍,其中有关地狱的内容极为详细。书中八大地狱的顺序是:

(1)等活地狱——另有 16 个小地狱。

(2)黑绳地狱——同上。

(3)众合地狱——同上。

(4)叫唤地狱——同上。

(5)大叫唤地狱——无附属的小地狱。

(6)焦热地狱——另有 16 个小地狱。

(7)大焦热地狱——同上。

---

[1] 石田瑞麿『日本人と地獄』,春秋社,1998 年。

（8）阿鼻地狱——同上。

撰者详细地记述了每个地狱的位置、大小及与地狱之名的苦相相关的缘由，甚至还有罪人在地狱的寿命和生前罪业，在此基础上，进一步对各地狱以及附属的"别所"（即小地狱，或称隔子）的苦相另加说明。《往生要集》所涉及的地狱是日本人最初整理的地狱观念，对当时的贵族社会产生了相当大的影响①。

比《往生要集》成书更早的《日本国现报善恶灵异记》（以下简称《灵异记》）描写了脱离佛教地狱观念的地狱像。作者景戒根据个人的意图撰成此书，在上卷序文中他阐明了著书的意图，称昔日汉地作《冥报记》，大唐国作《般若验记》。何以只重他国传录，而不信自土的奇事呢？为此他夜不成寐，意识到不能再这样沉默下去，最终决定要写这部《灵异记》。

对景戒而言，善恶报应并不只是在死后才有的，而是"如影随形"，立刻受报。"现报"之说出自《冥报记》，也就是说，因善恶之业，在现世期间便会得到果报。在《灵异记》中，对当时的现实充满愤懑的景戒写下了现世的地狱相。例如，作为《今昔物语集》的出典《灵异记》中卷"常煮食鸟蛋，得现恶死之报缘第十"的故事，描绘的正是现世地狱的景象。比起佛典中所记的地狱，这个故事更加形象地描写了日本独特的社会风俗，表现出对地狱一词的新的理解。

以上事例主要代表了《今昔物语集》成立以前的地狱认识，笔者拟在这个基础上，对《今昔物语集》说话所记述的地狱和冥界试做考察。

二、《今昔物语集》说话中的地狱和冥界的世界

（一）关于《今昔物语集》的地狱、冥界的先行研究

在《今昔物语集》研究的广阔范围内，还没有将地狱、冥界的记述作为考察对象来处理的先例。不过，根据这部说话集的编撰意图，天竺、震旦和本朝的各部从各种经典和典籍中采用素材，并按照一定的顺序进行编排，因

① 石田瑞麿『日本人と地獄』，春秋社，1998 年。

此,对各说话的出处的研究,或称出典研究是最基本的和必需的工作。出典研究最早是由狩谷棭斋、伴直方和木村正辞等人进行的,后来冈本保孝将棭斋等三人的研究成果加以总结,编著了《今昔物语出典考》,成为芳贺矢一《考证今昔物语集》的有力的基础资料①。昭和十年代后期,片寄正义著成《今昔物语集的研究》,对之前的研究进行了部分修正,继承了芳贺矢一的学统。在此研究基础上,山田孝雄等人对岩波大系本《今昔物语集》的文本做了校订,明确标记出各说话的出处,以及同一说话(以下简称同话)及同类说话(以下简称类话)所依据的文献书物。岩波新大系本《今昔物语集》在考证出处方面又做出巨大的努力,进行了新的增补和修订,特别是关于天竺部说话的出典,与以前的大系本相比,增补和修正较多。这是因为有必要重新审视《今昔物语集》说话的出处。今野达在岩波新大系本《今昔物语集》的"解说"中指出:

> 今昔在包括为数众多的汉译佛教经典在内的和汉佛书中,广泛地从经书、史书、诸子、诗文小说等汉典籍,以及史传、歌集、物语、说话集、随笔集等和书的庞大的文献群中取材。此外,许多出处不明的说话则来自对口传说话的采录,这是一种普遍的观点。(中略)但是,战后重开的出典研究以及对收载故事的传承史的研究对这之前的观点做了相当大的订正。关于《今昔物语集》的编集,如今可以肯定它并未采用曾经认为的数量庞大的文献,这一观点对天竺部和震旦部来说具有决定性意义。②

该书在参考上述出典研究成果的基础上,探讨了《今昔物语集》中出现的地狱、冥界说话;此外,对《今昔物语集》成立的时代,以及前后时代出现的有关地狱思想的说话集和佛书等也做了相应考察。例如,在日本,对地狱思想展开论述的石田瑞麿的《日本人与地狱》,围绕《往生要集》《今昔物语集》及《本朝法华验记》等记述的地狱、冥界的理解进行了说明。另

---

① 片寄正義『今昔物語集の研究』,芸林舎、1974 年。
② 今野達『今昔物語集』(一)「解説」,『新日本古典文学大系』,岩波書店,1999 年。

外,速水侑从历史的角度提出《往生要集》通过贵族社会实现了地狱观念的传播。[①]

关于《今昔物语集》与《三宝感应要略录》《冥报记》《灵异记》的关联,片寄正义的《今昔物语集的研究》作了详细论述。另外,入部正纯通过《日本灵异记的思想》对《灵异记》中记载的地狱、冥界进行了评论[②]。关于震旦部的问题,对泰山(也称作大山、太山)府君的研究一直被认为是受道教的影响。关于这个问题,可以举出冈本三郎的《关于泰山府君的由来》[③]。泽田瑞穗的《地狱变》探究了佛教地狱观和道教冥界观是如何结合在一起的[④]。另外,台湾学者萧登福探讨了佛教经典中引入的道教思想、玄学思想及儒教思想,对佛教在中国的本土化现象也有论及[⑤]。关于地狱的综合研究,岩本裕的《关于地狱的文学》是值得关注的成果[⑥]。

(二) 探讨《今昔物语集》中的地狱、冥界的意图

迄今为止,对《今昔物语集》中所描述的地狱、冥界的世界并没有问题提出。想来这个议题对于《灵异记》《往生要集》等作品来说,可能会成为明显的问题点。以《灵异记》为例,正如各卷序文所示,景戒深深地为末法时代的变乱感到苦恼,特别是作为僧人,他更为世间的各种贪欲、杀生、诽谤佛法和僧侣,毫无信仰,作恶造业的人类愚行而深感忧虑。面对残酷的现实,他通过阐述善恶之业有不同果报,主张自己的强烈信仰。因此,他以现报为题,收集了116 个故事。所谓现报,是指无论是善业还是恶业,并非在来世得到果报,而是在现世得到果报。正如上卷序所示,"善恶报应,如影随形"。不仅如此,他也对他界的情况进行了说明,并具体描绘了作为惩罚恶业的场所的地狱和阎罗王的宫殿。

在《今昔物语集》中,撰者并不拘泥于一个主题,而是按照佛教发展的时间顺序分为三部分,在构成整部作品时又以类聚的方式对说话进行分类。但

---

① 速水侑『地獄と極楽』,吉川弘文館,1998 年。
② 入部正純『日本霊異記の思想』,法藏館,1988 年。
③ 『東洋学研究』第一輯,1943 年。
④ 澤田瑞穂『地獄変』,法藏館,1976 年。
⑤ 蕭登福『漢魏六朝佛道両教之天堂地獄説』,學生書局,1989 年。
⑥ 岩本裕『地獄めぐりの文学』,開明書院,1979 年。

必须注意的是,《今昔物语集》中有关地狱、冥界的说话,以另一种面貌隐身于三宝灵验谭和善恶报应的说话中。原本佛教说话的特点之一,是根据佛教的逻辑来讲述因果报应的实例。在佛教的世界观中,天界和地狱的极端对立的存在被视为善恶报应的结果。善根积功德的人可以脱离六道轮回,而罪孽深重的人却堕入三恶道。在三恶道中,最可怕的是地狱的世界,许多佛典都展示了地狱的存在及其具体情形。

在《今昔物语集》中,讲述地狱、冥界的说话并不多,但是不能忽视天竺、震旦、本朝三部的分配,以及各部所讲述的异质的地狱、冥界故事。笔者以为这些问题和编者的编纂意图有很紧密的关系。《今昔物语集》说话中的地狱、冥界世界是如何被描绘的,本论拟就此做具体考察。

三、 《今昔物语集》的三部构成和地狱、冥界说话的配置

在考察《今昔物语集》时代的地狱、冥界观时,不妨依据《灵异记》《往生要集》等书。《往生要集》对"地狱"的叙述极为详细,对当时的社会产生了很大的影响。但《今昔物语集》似乎具有不同的编纂意识,并没有集中于一个主题;也不像《灵异记》那样,以说教为目的编写故事。因此,关于地狱、冥界的说话在各部中呈现出不同的面貌。

表7-1 《今昔物语集》中与地狱、冥界相关说话

各部	卷次	话数	各卷的地狱、冥界说话
天竺部	卷一	7	2、10、17、18、22、25、32
	卷二	9	12、28、29、31、33、34、37、38、41
	卷三	5	19、20、21、25、27
	卷四	5	3、9、16、22、41
	卷五	2	11、13
震旦部	卷六	15	5、6、11、12、18、19、21、24
	卷七	14	2、3、8、9、19、22、23、30、31
	卷九	9	14、15、27、28、29、30、31、32

（续表）

各部	卷次	话数	各卷的地狱、冥界说话
本朝部	卷十一	2	2、27
	卷十二	2	36、37
	卷十三	3	6、13、35
	卷十四	5	7、8、29、30、31
	卷十五	3	4、10、47
	卷十六	1	36
	卷十七	14	17、18、19、20、21、22、23、24
	卷十九	3	19、24、28
	卷二十	8	15、16、17、18、19、30、38、45

如表 7-1 所示,通过比较各部的卷数和说话数的结果可见,震旦部的地狱、冥界说话的出现频率最高。因为缺了第八卷,所以只有四卷。而且,卷十连一话都没有出现。震旦部共 38 话,其次是天竺部,在第五卷中有 28 话。剩下的 41 话分散在本朝部的 10 卷中。这种分配状态应该看作是外部特征,但似乎与说话集构成的内部原因有某种关系。笔者将就此做具体分析,以究明其中缘由。

（一）天竺部的地狱相

在天竺部中,以"堕入地狱"一句为标准进行调查,其结果是五卷共收录了 29 话。之所以以"堕入地狱"为标准,是因为这是在天竺部说话中最常见的表达。此外,还有"恶道"（12 话）、"三恶道"（10 话）、"四恶趣"（1 话）、"三恶趣"（2 话）等表现形式,也提到饿鬼道和畜生道（四恶趣的情况下加上修罗）,这里暂不作问题提出。

首先,我们整理了天竺部所见的"堕入地狱"这一基本表现的例子。

卷一第 2 话《释迦如来转生人界的故事》:

（释迦）向下走七步是表示将降下法雨熄灭地狱的火炎,让众生享受安稳之乐。

在岩波新大系本《今昔物语集》卷一的"出典考证"中,校注者指出这个说话出自《过去现在因果经》和《佛本行集经》。岩波大系本中又加上《法苑珠林》。但是,在可能成为这一故事原型的几部经典中找不到有关内容,具体来看以下例子:

《过去现在因果经》卷一:"堕莲花上,自行七步,举其右手而师子吼:'我于一切天人之中最尊最胜。'"

《佛本行集经》卷三:"佛初生时,两足蹈地,其地处处皆生莲花。面行七步,东西南北所践之处,悉有莲花。"

《法苑珠林》卷九"诞孕部第四":"又《涅盘经》云:菩萨初生之时,于十方面各行七步。摩尼跋陀富那跋陀鬼神大将执持幡盖。"

《法苑珠林》卷九"招福部第五":"如《因果经》云:太子生时,于时树下亦生七宝七茎莲华,大如车轮。菩萨即便堕莲华上,无扶侍者自行七步(《大善权经》云:'行七步者为应七觉意也。')举其右手而师子吼云:'我于一切天人之中最尊最胜。'"

或许,《今昔物语集》的撰者从"于十方面各行七步"的措词中获得旨趣,东西南北四维及上下各方面迈出七步,尤其是"向下走七步",包含着佛的法力可达地下遥远的地狱之界,消灭地狱中的熊熊烈火,拯救受苦众生的含义。

下面的一例是将很多经典所传杂糅而成的一个故事——《提婆达多与佛相争的故事》:

> 佛在灵鹫山说法的时候,提婆达多来到佛的身边说:"佛,你有这么多弟子,应该分给我一部分。"佛没有答应。提婆达多就劝诱刚刚来学佛法的五百弟子秘密移居到他自己居住的象头山,犯下了破坏僧团的罪行。佛停止说法,天上天下无不悲叹。提婆达多在象头山解说五法八支正道之法。舍利佛打算将五百位比丘争取回来。他将提婆达多陷入熟睡之中,目连将五百比丘裹入袋里,装进钵中,飞到了佛的身边。提婆达多的弟子俱迦利心生怨怒,用鞋打老师的脸,提婆达多这时才惊觉五百比丘被取走,心里非常生气。
>
> 提婆达多来到佛的身边,投出三十肘长的巨石击打佛。山神将巨石挡落。巨石破散出的飞石击中了佛足,佛足拇指出血。这是提婆达多的

第二项逆罪。提婆达多又将手指尖涂上毒，假装向佛足敬礼，将毒涂到佛足的伤口上，但毒变成了药治愈了伤口。阿阇世王依照提婆达多的吩咐，放出用酒灌醉了的大象来攻击佛。五百罗汉看见醉象惊恐地飞到空中。这时，佛伸出手来化现出五头狮子。醉象看见后吓得逃走了。佛到阿阇世王的王宫里去说法教化，受到王的供养。这时，提婆达多又增恶心，离开王宫。提婆达多击打莲花色罗汉比丘尼的头部，这是他的第三项逆罪。罗汉比丘尼被打死了。大地裂开一个地洞，令提婆达多堕入地狱。

关于这个说话的出处，岩波大系本在头注中指出，该话是在《法苑珠林》卷九《千佛篇第五之二游学部八召师部第二》，《经律异相》卷二十一和《增加一阿含经》卷四十七、四十九的基础上所做的简述。与此相对，新大系本提出了新的看法，即：

> 同类故事在诸经论中频出，但在特定的一书中找不到此说话的完整出处。第一段出自《佛本行集经》十二，第二段以后则是将源自《增一阿含经》四十七、北本《大般涅槃经》十九、《大智度论》十四的内容混杂在一起，构成了提婆达多的所谓三逆罪。然而，这种创作行为并非出自撰者，而是从已经成立的国书中选取了既成的内容。①

《增一阿含经》卷四十七、卷四十九详细记载了提婆达多的五逆罪中的三逆罪"破坏僧团合和之罪""伤害佛身之罪"和"加害比丘尼之罪"：

> 提婆达兜适下足在地，尔时地中有大火风起生。逸提婆达兜身。尔时，提婆达兜为火所烧，便发悔心于如来所。正欲称南无佛，然不究竟。这得称南无，便入地狱。

提婆达多犯三逆罪的故事也见于《大智度论》和《法苑珠林》，与上面的引

---

① 今野達『今昔物語集』（一）「付録・出典」，『新日本古典文学大系』，岩波書店，1999 年。

文相比可以看出,《增加—阿含经》卷四十七、卷四十九的记述相对完整,特别是末尾的堕入地狱的部分,差异比较显著。

总而言之,《今昔物语集》中提婆达多堕入地狱的故事,可以说是在杂糅了以上诸经所记内容的基础上压缩而成的。如上所述,除了《今昔物语集》卷一第 18 话《佛教化难陀令其出家的故事》及卷四第 41 话《恋子至阎魔王宫的故事》这两集外,大体上天竺部的地狱相多为简略的描写。通过参考前文中的分配表 7－1,笔者将天竺部中的地狱说话与其推测的出典进行比较,找出其中的某些特征。

（1）正如先前研究指出的那样,被视为天竺部说话出典的汉译经典的种类很多。有关地狱的内容也是从经典中摄取的。估计原典对地狱的记述极尽详细,物语集则将其大大压缩,辞句也未必拘泥于原著。

（2）地狱的出现作为观念和逻辑而存在,在故事中不具有功能。以天竺部的故事为例,即使从各经典中摄取素材,但很多内容是出于编纂者的意志,对原文进行压缩或者润色,汉文文献和译或许会让人感到与原著有背离[1]。

在天竺部中,主要的故事是从佛诞生到涅槃,也就是佛教成立时代的产物。关于堕入地狱的内容,没有必要展开叙述。此外,另一方面,也存在与上述状况不同的说话,接下来让我们来看看这个特殊的故事——《今昔物语集》卷四第 41 话《恋子至阎魔王宫的故事》:

> 从前,天竺有位比丘想修成罗汉,年已六十还未能如愿。无论怎么悲伤也是力不能及。他返回家中心想:"我终年想成为罗汉也未能如愿,现在还俗成家吧。"
>
> 后来,他娶妻成家,其妻不久便怀孕,生下一个形貌端正的儿子。他非常爱他。不料,其子七岁时死了,他非常哀伤,不愿舍弃死去的儿子。
>
> 有人得知后对他说道:"你太愚蠢了。为哀怜死去的儿子而不舍弃遗体是极愚蠢的事情,你不可能永远保存。快去丢掉吧。"说着,夺过来拿去丢掉了。此后,他伤心不堪,发誓要再见到儿子,心想:"我要到阎魔王那里请求见我的儿子。"他不知道阎魔王住在什么地方,有人告诉他

---

① 池上洵一『今昔物語集の研究』,和泉書院,2001 年。

说:"由此一直向西走,有一条大河,河上有座七宝宫殿,阎魔王就住在宫殿里。"

他按照那人说的前去寻找,不知走了多少路,终于看见了一条大河,河上有座七宝宫殿。他看见后非常高兴,小心翼翼地走上前去。有位非常高傲的人问他:"你是谁?"他答道:"我是凡人。我的儿子七岁便死去了,我非常想念儿子,伤心不堪。请将此事告诉给大王,愿大王能发慈悲让我看看我的儿子。"此人将此事转告给大王,大王说道:"马上让他去见,他的儿子正在后院,去见吧。"他心里非常高兴,马上去见自己的儿子,看见儿子正和一群儿童在游戏。

父亲招呼自己的儿子,哭道:"我整日思念你,心中充满哀伤。我向大王请求来见你,你也想我吧?"可儿子毫无哀伤继续玩耍。父亲伤心流泪,儿子毫不在意父亲的到来。父亲再三哀叹,最终还是返回去了。

生死相隔,已无本心,父亲还活着,因此耽于悲情。[1]

死去的男孩前往阎罗王的地方,而不是地狱。阎罗王指的是阎魔,七宝宫殿并不可怕,是一座庭园,死去的孩子们在那里玩耍。这绝不是地狱的世界。这里的阎罗王的宫殿与震旦部以后的大不相同,说明原本阎罗的世界很可能与地狱是不同的空间。

说来,在古代印度,阎魔是最先发现通往天国之路的第一个死者,被认为是天国的王者。阎魔之国是充满绿荫、酒宴、歌舞、音乐的乐土,所有肉体上的缺陷消失,能与神亲近交往,享受生前参加祭祀作布施所积善德的果报,尽情享用甜美的食物和芳醇的饮料,甚至是个连美女也不缺的理想之乡。在古代印度初期的吠陀中有这样的记载:死者被风神玛尔图凉爽的微风吹到天国,沐浴在冰冷的水中,完全恢复了原来的肉体,在最高的天上与父祖相见,并与阎魔生活在一起[2]。

阎魔这个最初死去的人,与死亡产生了关联。人们认为死亡是阎魔的使者,在他的面前,忠实于真理的人和虚伪的谎言者被区分开来。另外,还出现

---

① 金伟、吴彦译:《今昔物语集》(一),万卷出版公司,2006 年。
② 岩本裕『地獄めぐりの文学』,開明書院,1979 年。

了一种新的信仰,即阎魔能测出到达他界之人的善恶。在叙事诗《摩诃婆罗多》中,主宰者阎魔既是父祖之主,又是饿鬼之王,而且作为"法王"裁判亡者之罪。死去的人都得去阎魔的王宫。亡者由执行阎魔命令的使者拉走。阎魔的国家在南方的尽头,通往那里的路像密林一样可怕,没有饮水,也没有休息的地方。据说亡者生前是慷慨之人,或曾历经苦行才能获救。生前为他人提供过灯火的人中途会有灯照亮道路,施行断食的人则会得到乳酪。对地狱的描绘很细致,狱卒们拿着棍棒、矛和火罐折磨罪人,而罪人们则被剑林、热沙和荆棘树折磨着,被虫噬狗咬,或被投进血河。地狱是水气多的地方,或者是湖泊,或者是泥土的洞穴,也有记载说地狱在最下面的世界。从中可以看到与后来的佛教经典中常说的地狱相存在相似之处。而且,阎魔派使者召唤亡者,将其送往地狱,这种最高统治者的形象可以说是后世阎罗王地狱审判的原型。

(二) 震旦部中的地狱与冥界

1.《冥报记》和《三宝感应要略录》的影响

震旦部与天竺部不同,其中特别收录了大量以中国典籍为范本所写的故事,尤其是有关地狱、冥界的说话,大都从《冥报记》《三宝感应要略录》等书中选取的。关于地狱的情形,与天竺部相比,震旦部显得更为复杂。与《冥报记》相比,《三宝感应要略录》在书志学方面尚有研究的余地。此书并非通常所说的中国典籍,很有可能是日本人的撰述。当然,《三宝感应要略录》仍被看作出典之一,并且有必要对其与震旦部说话的关联来做客观的考察。

震旦部中的地狱、冥界说话比较集中地配列在卷六、卷七和卷九中,主要出自《冥报记》和《三宝感应要略录》。卷六的第 11、12、18、19、21、24、29、33、34、35、38、39、41 等 13 话出自《三宝感应要略录》。从卷六的第 11 话开始,主题转移到佛、法、僧的三宝灵验,故事的背景出现了地狱和冥界;另外,卷七的第 2、3、8、9、22、23 话也是从《三宝感应要略录》中选取的故事;卷七的第 19、30、31、42、46、47、48,或卷九的第 14、27、28、29、30、31、32、32、34 话依据的是《冥报记》。

《三宝感应要略录》通常被认为是辽国非浊的撰录,但正如前文所说,这很有可能是错误的。即便如此,芳贺矢一在《考证今昔物语集》中指出,《今昔物语集》从《三宝感应要略录》中采用了 70 话,片寄正义认为是 72 话。其中 63 话用在震旦部,卷六、卷七总计 96 话中有 63 话,即六分之五的说话出自《三宝感应要略录》。仅就卷六而言,几乎接近九成。这正是地狱、冥界的故事集中出现在卷六、卷七中的缘由。

《冥报记》的撰者是唐临,据《法苑珠林》卷一百十九的记载,成书时间为唐永徽年间。根据片寄正义所做的调查,前田家本《冥报记》的 58 话中的 48 话被看作是《今昔物语集》说话的出典。这一引用频率仅次于《三宝感应要略录》,震旦部依据这两本书编辑的说话约占全部的七成。而且两书和物语集之间的引用关系大多是直接将原文翻译成日文,当然也有部分的意译、省略、增补等情况。不过,这可能是因为有必要在保留说话情节的同时,使叙述的语气保持一致。另外,出于对读者的生活习惯和心理因素的考虑,故事细节被改写,目的是去掉行文中的汉文调。下举两则实例:

(1)《今昔物语集》卷六第 13 话《震旦疑观寺法庆依造释迦像复活的故事》。这个故事是《三宝感应要略录》上《第五造释迦像死阎罗王宫被还感应》的翻版,不过,可以看到稍微改写的地方。以下是对两书中的同一故事的对照比较:

> 那一天,法昌寺的一位名叫大智的僧人也去世了。三天后,大智又活了过来。(《今昔物语集》)
>
> 其日又有宝昌寺僧大智,死后经三日,亦便苏活。(《三宝感应要略录》)
>
> 法庆面有愁色。这时……(《今昔物语集》)
>
> 见僧法庆有忧色。少时之间……(《三宝感应要略录》)
>
> 一位无比尊贵的僧人来到阎魔王面前……(《今昔物语集》)
>
> 又见像来,王遽前来,下阶合掌礼拜此像。(《三宝感应要略录》)

首先,原著中的"宝昌寺"因某种失误变成了"法昌寺"。其次,关于时间的表述,可能会认为这并不是什么大的改动,但实际效果并不一样。"那个时候"感觉时间更短,在看到法庆愁叹之后,立刻做出的反应,具有紧迫感的效果。最后,将释迦立像改写为"无比尊贵的僧人",为追求更真实的感觉,将立像改写成了活人。

(2)《今昔物语集》卷六第 34 话《震旦空观寺沙弥观莲藏世界复活的故事》出自《三宝感应要略录》中卷《第七空观寺沙弥定生见红莲地狱谬谓实华藏世界感应》，具体细节如下：

① 从前，震旦的空观寺有位沙弥名叫定生，他虽身为沙弥，但触犯僧法，不诵经教。（《今昔物语集》）
　　沙弥定生，师僧法不能诵经戒。（《三宝感应要略录》）

② 有僧描述莲花藏世界景象……（《今昔物语集》）
　　闻陈说花藏世界相。（《三宝感应要略录》）

③ 定生听说后非常兴奋，发誓往生净土。（《今昔物语集》）
　　三宝情恒慕乐……（《三宝感应要略录》）

④ 其间因定生屡犯僧事，死后堕入红莲地狱。（《今昔物语集》）
　　恣误僧事。入红莲花地狱。（《三宝感应要略录》）

⑤ 定生以为这里是莲花藏世界，便唱"南无莲花藏妙土"。（《今昔物语集》）
　　谬谓花藏世界。欢喜称花藏妙土。（《三宝感应要略录》）

⑥ 这时，地狱突然变成了莲花藏世界。（《今昔物语集》）
　　其时地狱变为花藏。（《三宝感应要略录》）

⑦ 听闻定生唱颂"花藏妙土"之音，众罪人皆坐莲花。（《今昔物语集》）
　　闻唱受苦之人皆坐莲花。（《三宝感应要略录》）

⑧ 其时，狱卒见状去禀告阎魔王。（《今昔物语集》）
　　时狱官白阎魔大王。（《三宝感应要略录》）

并随即诵偈，归命华严不思议，若人题名一四句，能排地狱解脱业，缚诸地狱器皆为。(《今昔物语集》)

⑨　　即说偈言：归命花严，不思议经。若闻题名，一四句偈。能排地狱，解脱业缚。诸地狱器，皆为花藏。而皆自见，坐宝莲花。(《三宝感应要略录》)

⑩　　沙弥见地狱皆成莲花藏，罪人悉坐莲花。(《今昔物语集》)
而皆自见，坐宝莲花。(《三宝感应要略录》)

⑪　　过了一天一夜后复活过来，讲述了此事。(《今昔物语集》)
沙弥一日一夜始苏，自说此缘。(《三宝感应要略录》)

⑫　　此后定生发心修善，无人知其行方。(《今昔物语集》)
其后有通，集具已后，不知所游方矣。(《三宝感应要略录》)

从以上实例可以看出，两书关于这个故事的叙述有很大出入：①未见《三宝感应要略录》中有"震旦空观寺"的内容，也看不到"屡犯僧法"的内容。②《三宝感应要略录》中没有"有僧"的记述。③《三宝感应要略录》中没有"定生听说后非常兴奋，发誓往生净土"的内容。④相关部分在两书中没有太大的差异。⑤在《三宝感应要略录》中没有"以为这里是莲花藏世界"的记述。日语原文为"観ヲナシテ、「南無花藏妙土」ト称ス"，其中"観"可能是将"歡喜稱花藏妙土"的"歡"错读为"観"。⑥相关部分两书的内容一致。⑦相关部分也一致。⑧《三宝感应要略录》中没有"狱卒见此稀有之事"的内容。⑨《今昔物语集》中"缚诸地狱器皆为"的意思不明。⑩这是由前句的偈语"而皆自见，坐宝莲花"的内容翻译而成的。⑪相关部分两书一致。⑫《三宝感应要略录》的"集具已后"和《今昔物语集》的"发心修善"意思不符。

围绕以上的说话，笔者对《三宝感应要略录》和《今昔物语集》两集加以对照，对《今昔物语集》是如何以原著为材料创作出新作的情况进行了调查。另一方面，《冥报记》的各说话的篇幅比《三宝感应要略录》长，所以在此不加举例。但从整体上看，两书的状态几乎没有变化。总之，说《今昔物语集》震旦部的故事是两部书的翻版也不为过。

2. 震旦部中的地狱和冥界说话

在上述结论的前提下,考察震旦部中的地狱和冥界的说话时,必须意识到这些说话与原典并没有什么差异。尤其在考察那些隐藏于故事中的某些异质的地狱冥界观念时,更需要以此为条件。因为与印度的地狱信仰不同,震旦的地狱冥界观是一种新的观念。

首先,上述的这些说话属于三宝灵验谭一类的故事,以三宝的功德,可以从地狱、冥界拯救罪孽深重的人。通过这样的讲述,展现出与天竺部混乱的地狱相完全不同的地狱、冥界。作为卷五的接续部分,卷六的第5话关于地狱的描写依旧简单,但此后却开启了完全不同的地狱和冥界。首先来看一下进入冥界的方式。

1) 多种多样的入冥方式

所谓的入冥方式,换句话说,就是故事中的人物是如何置身于地狱或冥府的。与天竺部记载的地狱说话不同,震旦部讲述了很多有关冥界巡历的故事。在接受佛经的地狱思想的同时,又与道教和民间的俗信等联系在一起,产生了新的地狱、冥界说。中国也和日本一样,起初并没有佛教所说的"地狱"。汉代时有墓券或买地券的习惯,这是为了埋葬死者,但又怕侵犯山川土地的神灵,因此与地主神签订一定的土地买卖契约①。只能说是一种朴素的冥界观。根据地域的不同,人们相信死灵会到泰山聚集,由泰山之神来管理。另外,丰都是道教信仰的冥界王都,自古以来就拥有完备的宫殿和官制组织。后来,道教也吸取了佛教的地狱说,出现了冥界的主宰、业报和死后审判、监狱和刑罚等内容②。

在震旦部中,这种佛道习合的痕迹随处可见。在这类说话中,地狱和冥界不是一个空间,而是不同的世界。人死后,并不会马上堕入地狱,而是被冥官或冥使绑缚了带到冥界,那里有阎魔王的宫殿。阎魔王身居高座,根据记录的亡者生前善行恶业的生死簿进行审判。亡者以各种各样的方法前往冥途,参观冥界,或因某种善根,逃脱刑罚,回到现世重生。从中可以看到几种

---

① 澤田瑞穂『地獄変』,法藏館,1976 年。
② 澤田瑞穂『地獄変』,法藏館,1976 年。

进入冥界的模式。

（1）冥途苏生谭的模式。前往冥途而后苏生返回现世的模式在震旦部里很常见。试举一例。卷六第 11 话《震旦唐虞安良兄依造释迦像复活的故事》讲述震旦唐时代，幽洲汉县有一个叫虞安良的人，持杀生之业，根本不积功德。37 岁时，他到山野猎鹿时，不料从马背上摔下死了。亲人们聚在一起叹息不已。经过半天，安良终于苏醒过来，一边悲伤地哭泣，一边投身于大地，悔恨自己的罪行。亲属们问其原因，安良哭着述说了自己的冥界体验。在这个故事中，主人公安良因杀生的罪孽受到了惩罚。刚一死去，马头鬼和牛头鬼就驾驭着地狱火车来了。火车上燃起了熊熊大火，安良的全身被烧，炎热难耐。这是典型的地狱景象。刚到阎魔王那里时，一个僧人突然出现，请求阎魔王释放安良，阎魔王告诉僧人安良罪孽深重，却答应了僧人的请求，理由是在制作释迦像时安良捐了 30 枚钱币。

这种苏生谭具备了基本的要素。首先，有入冥的原因，其原因多为不信佛，行恶业。在狩猎途中死亡，或者生病死去，被冥使束缚着带到冥界。然后，因各种契机逃脱阎罗王的审判，关于这一点原典本身的叙说显得任意。正如前文一例所示，即使不相信因果道理，只因给立像添了点钱两，便积累了功德，以至于佛化现亲临冥界相救。另外，卷六第 29 话《震旦汴州女礼拜金刚界复活的故事》，不信佛的女人只礼拜一次金刚界大曼陀罗，便从冥途起死回生。

其次是虽没有做过任何恶业，只是因病而死，被带到冥界的情况。在这种情况下，通过查阅账簿，知道是冥府的失误，才会释放罪人（卷六第 24 话《震旦夏侯均造药师像复活的故事》、卷九第 14 话《震旦江都孙宝于冥途济母复活的故事》）。或者，亲属用造像、写经等供养将死者从冥界救出（卷六第 21 话《震旦溜州司马造药师佛复活的故事》）。

（2）梦中入冥谭。除了冥界苏生谭之外，也有不少根据梦讲述冥界体验的例子。如卷六第 18 话《震旦并州张元寿造弥陀像往生极乐的故事》和卷六第 19 话《震旦并州道如造弥陀像的故事》。叙述奇异事情的时候梦是最方便的形式，中国六朝时代的"志怪"中就多见这类故事，关于其成书泽田瑞穗指出：

　　　　这类故事的形成总有某种动机和意图。拥有特异经验之人讲述的故事,可能会被当作奇异事件原封不动地记录下来,几近无目的的"志怪"亦不多见,大多数故事的背后其实都隐藏着某种寓意,其中,有鬼论和神不灭论的提出是为了对抗六朝时代知识分子倡导的无神论和神灭论,作为论据的实证十分必要,无论怎么说,这类故事发生在超现实的世界里,除了声称是自己和他人的体验谈或见闻谈,此外毫无办法。因此,这样的故事需要相当巧妙地编织成如真实发生过的一样。由于原本是虚构的事件,无论如何都避免不了附会,讲述中自然会露出破绽。如果这种情况反复不断地出现,毫无疑问会形成共同的故事类型。[①]

(3) 奇异的入冥故事。以下的入冥谭种类奇特,各类的数量不多,一并在此列出:因幻觉而入冥的故事有卷七第 9 话《震旦宝室寺法藏诵持金刚般若复活的故事》、禅定入冥的故事有卷七第 46 话《真寂寺慧如得阎魔王之请的故事》、借游离魂入冥的故事有卷九第 32 话《侍御史逊迥璞因冥途使错复活的故事》、飞天入冥的故有卷七第 48 话《震旦华州张法义依忏悔复活的故事》、从墙穴窥视地狱景象的故事有卷七第 32 话《清齐寺玄渚为救道明写法华经的故事》、自由往来于现世和冥界间的故事有卷七第 19 话《震旦僧行宿太山庙诵法华经见神的故事》。这些入冥的方式极具想象力,其目标只为追求故事的奇异性。

2) 以阎魔王宫为中心的冥界世界

在震旦部中,提及"地狱"的情节逐渐减少,取而代之的是以阎罗王宫为中心的冥府的场面越来越多。更令人感兴趣的是,地狱和冥府是分开的空间,在把人带入地狱之前,必须在冥府接受阎罗王的审判。在震旦部中,冥界的存在比地狱的存在更重要,而且其作用很大。冥界由特定的空间、场景及人物等构成,被想象成与人类社会相似的亡者审判的世界。特别是依据《冥报记》所描绘的冥界非常细致,给人一种真实感。

(1) 冥界内外的景象。亡者死后立即被冥使或冥官拉去官曹。从远处眺望,可以看到城堡。靠近些能看到像是官厅的楼阁,建筑物很气派,附有宽阔的庭院,其中有很多被捆绑着的人,也有很多人被拉到院子里,等着被定罪。官厅中,有个人像国王一样戴着玉冠,坐在高床之上。在某些场景中,还能看

---

① 澤田瑞穂『地獄変』,法藏館,1976 年。

到戴着玉冠与大官并肩而立的众神。这里是阎魔王的宫殿。这样的描写繁简不一，基本上与上述的景象相似。例如，在卷九第 34 话《震旦刑部侍郎宗行质赴冥途的故事》中可以看到典型的描写：

> 王琦就跟去了。走进一个大门，里面的大厅很壮观，厅朝向北。厅的西侧有个人在座，此人又黑又胖。厅的东侧有一僧人在座，形同官人。皆面向北，各有几床案褥，并有侍童二百多人。冥官皆衣冠整洁，面容端正，身前置有文案。（中略）王琦远远看见北门外很昏暗，有许多城，一座座城上又有矮墙垣，看上去那里像是地狱。（中略）冥官领着王琦由东南出来，过了三重门，过每道门都要出示臂上的印记。他们来到第四道门前，这座门非常高大，门上有红白两色的楼，和打开官府的城门一样。

这里的详细描写制造出仿佛置身于阎魔王宫的临场感，讲述者非常细致地介绍方向、门的位置以及设施的具体情况，目的就是为了强调真实性。

（2）冥界的官吏。正如前文所说，古代中国的道教将丰都看作冥界的王都，自古便有完备的宫殿和官制。这些内容可从震旦部的说话中看到。冥界的官吏组织几乎与州县府衙门的相同，分有不同级别和职务。阎魔王是最高的裁判者，除此之外，还出现了东海公（卷九第 30 话）、五道将军、大山府君（太山府君、泰山府君）等人物。东海公很可能是东岳大帝。东海指的是江苏、山东一带的海域，有人认为东海公原本与泰山府君为同一神。从这些名称中可以窥见中国本土的冥界观（如泰山信仰）和佛教的地狱观融合的痕迹。关于这一点先行研究已有推断，认为地狱观念和泰山信仰的结合是很早就开始的。泽田瑞穗考察了许多早期的汉译佛经，诸如支谦译《佛说八吉祥神咒经》、法炬译《法句譬喻经》、西晋《佛说鬼子母经》、竺佛念译《出曜经》等，找出许多泰山地狱的例子。他指出，康僧会（251—280）译《六度集经》卷一中有"布施济众，命终魂灵入于太山地狱"，接着从卷三到卷八，各卷中还陆续出现了太山岳、太山恶鬼畜生、太山鬼、太山王、太山烧煮之处，太山汤火之毒等用语[①]。

---

① 澤田瑞穗『地獄変』，法藏館，1976 年。

在早期佛教中,"地狱"作为 Niraya 和 Naraka 的意译词已经开始使用,而"太山"一词的出现,很有可能因为对当时的中国人来说,即使用"地狱"一词,也很难理解它的含义,为方便起见,借用了意义上最接近的"太山"一词①。

自古以来,中国民间一直流传这样的信仰,即泰山之神召唤人类的灵魂,了解人类寿命的长短,这些内容被记录在账簿上。从震旦部的说话中能够看到这些信仰的痕迹,例如,在卷七第 19 话《震旦僧行宿太山庙诵法华经见神的故事》中,泰山庙具有收纳亡灵之所和地狱的双重形象。

最为重要的是阎魔王的存在,这一形象的形成已为众多先行研究论及,从"阎魔"(Yama)到"阎魔王"的变化的关键是《十王经》的影响,应该说这部经的成立是佛道习合的结果,关于这一问题将另作论考,在此不加赘述。

总之,震旦部说话所描绘的冥界染上了佛教的中国本土化的色彩,在《今昔物语集》中构成了一片奇异的境地。与天竺部的观念性地狱不同,撰者从汉典籍中寻找说话的素材,为了讲述三宝灵验的殊胜和因果报应的道理,通过冥界苏生谭的故事,创造出人物面对冥界时的临场感和真情实感。

(三) 本朝部的地狱相

1. 本朝部说话的出典和地狱、冥界说话群的形成

在本朝部,地狱、冥界说话集中收录在卷二十以前,话数比震旦部少了很多。其中,根据出典可分为四组。

(1) 以《法华验记》为出典的地狱、冥界说话有卷十二的第 36、37 话,卷十三的第 6、13、35 话,卷十四的第 7 话,一共 6 话。

(2) 以《散逸地藏菩萨灵验记》为出典的地狱、冥界说话是卷十七的第 17、18、19、21、22、23、26、27、28、29、31 话,共 11 话,是最多的一组。

(3) 以《灵异记》为出典的地狱、冥界说话有卷十四的第 30、31 话,以及卷二十的第 15、16、17、18、19、30、38 话等 9 话。

(4) 以《日本往生极乐记》为出典的地狱、冥界说话有卷十一的第 2 话和卷十五的第 2 话等 2 话。

以《法华验记》为出典的地狱、冥界说话中描写的地狱、冥界当然是以讲

---

① 澤田瑞穂『地獄変』,法藏館,1976 年。

述《法华经》灵验为前提出现的。《散逸地藏菩萨灵验记》也是以地藏菩萨的灵验谭为中心来构筑地狱、冥界的空间。从《灵异记》中提取的故事组成了冥界苏生谭的一组,内容和叙述方式十分相似。另有《日本往生极乐记》2话和出典不明的数话。

在本朝部中,对地狱和冥界的理解及描写主要受到了中国典籍的强烈影响。例如,根据《灵异记》记述的冥界故事有着近似于《冥报记》的故事形式,将阎罗王的审判放在故事的中心位置。在卷二十第15话《摄津国杀牛人依放生冥途得返的故事》中,有一个男人遭邪神作祟,每年要杀一头牛供奉。七年里,杀了七头牛。那之后,男人生病死了。过了九天,又苏醒过来。男人向妻子讲述了冥途中的经历。

此外,类似的说话也可以从《散逸地藏菩萨灵验记》中找到。卷十七第18话《备中国僧阿清依地藏助得活的故事》就属于这类故事。一位名叫阿清的僧人在全国游历,修行途中因病而死。经过一两天苏醒过来,将冥途的事情讲给路上的人们听,故事的内容构成如下:①主人公因病死亡或因某种事故死亡。②马上被冥官绑缚去冥途。③阎魔王的大厅很气派,与检非违使的官厅很像似。④院子里有很多罪人,正在被衡量罪行的轻重,接受惩罚。⑤小僧出现,为了拯救地狱中的罪人而东奔西走,与阎魔王和冥官们争斗。⑥最终,主人公皈依地藏,逃出了冥界。

如果将以上两话对照来看,会注意到阎魔王与小僧形成各自的中心所在。总之,中国典籍中使用的冥界苏生谭,其叙述的主旨是从地狱、冥界的恐怖和苦难开始逐渐过渡到三宝的殊胜。到了《散逸地藏菩萨灵验记》,对地狱、冥界的理解和认识发生了变化。从这些故事可以看出当时的地藏信仰十分盛行,另外,佛教本土化后的变化也很明显。关于这个变化,通过地狱、冥界说话可以具体了解。

2. 对地狱和冥界的新的理解

对地狱、冥界的思考方式和叙述方式发生转变的情况最早始于《日本往生极乐记》,智行因嫉妒和诽谤行基菩萨之罪而死,并堕入阿鼻地狱,九天后起死回生,《灵异记》卷中第7话,以及《今昔物语集》本朝部卷十一第2话《行基菩萨学佛法导人的故事》都记述了这一事件。不过智光堕入地狱的状况和以前有所不同。关于这个话题,石田瑞麿指出:

这里所写的地狱显然不是地下,虽然离行基的宫殿很远,但似乎是同一个地方。如果将从死到重生的九天时间当作徘徊于漫长生死之间的梦的体验的话,有可能将这个说话看作单纯的梦的故事,既然智光的体验得到承认,只能认为这是一种对地狱的新的理解。①

这种反映新的地狱理解的故事,在本朝部也能轻易找到。下面通过例子来说明其主要特征,

(1) 作为地狱的象征出现的烈火之车。在本朝部卷十五的第 4 话中,济源僧都在死前一心念佛,等待着来自极乐的使者。不料,烈火之车突然出现,那是来自地狱的使者们。僧都问其原因,鬼便将僧都去往地狱的缘故告诉了他。几年前,僧都借了寺院的米五斗,至今还没有归还,因此罪必须下地狱。在这之后僧都拜托弟子们迅速返还欠粮,烈火之车很快就消失了。

在同卷的第 47 话中,有个男人不相信地狱,生前尽做杀生放浪的恶行。在他死前看到了烈火之车。因为十分恐惧,所以把高僧叫来,为自己当年的恶行感到忏悔。于是,僧人劝道:"若是如此,那就相信念诵佛号必往极乐世界吧。"男子按照僧人的教导,双手合十,抵于额上,念了一千遍"南无阿弥陀佛",烈火之车便从眼前消失了。

烈火之车在《大智度论》《释门正统》《净土十要》《经律异相》等经典中可见,但天竺部和震旦部几乎没有提及(仅卷六第 11 话 1 例)。在本朝部中,烈火之车被描写成地狱的象征,其背景反映了净土信仰和念佛往生的世态。

(2) 有关立山地狱的说话。和泰山府君信仰一样,立山信仰在佛教传入日本之前就已经存在,民俗信仰的山中他界和佛教的地狱相融合,在立山信仰中被设想为地狱。这个地狱不是地下的冥界,而是在地上,所以活着的人可以到那里巡游。

本朝部卷十四第 7 话《修行僧至越中立山会小女的故事》和卷十四第 8 话《越中国书记官妻死堕立山地狱的故事》是以立山的自然环境为范本讲述的故事,其深处潜藏着古代日本人的山岳信仰。实际上,立山地狱闻名于世得益于《本朝法华验记》《今昔物语集》《伊吕波字类抄》《神道集》等文献的记载,

---

① 石田瑞麿『日本人と地獄』,春秋社,1998 年。

立山既是地狱，又是修道的灵验地，它与富士、白山一起被称为三禅定，也被认为是适合修行的地方①。另外，卷十七的第27话也讲述了立山地狱的故事。

（3）山中他界与地狱。本朝部收录了天竺部和震旦部中看不到的新的地狱说话，即山中他界的故事。在本朝部中，上山的行动意味着进入山中他界。是真的进山迷了路，还是在梦中进了山，都是与他界有关的话题。卷十九第19话《东大寺僧于山中遇死僧的故事》属于这种类型。

从墙缝窥视地狱场景的故事，在卷七第32话中也有记载，或许是受了它的影响。另一方面，与卷七第32话相比，更应该注意卷十九第十九话的叙述的异质性，把整个故事的虚构性和地狱描写的写实性结合起来，创造了一个梦幻的讲梦空间，比卷七第三十二话更具文学色彩。

四、结语

《今昔物语集》虽然是佛教传说集，但从其编撰动机来看，它与一般的佛教说话不同，说教色彩比较单薄。即使谈论地狱、冥界的世界，也不是为了念佛精进。不可忽视的是，由于天竺部的传说大部分是从经书中采用的，所以地狱只是作为说教的概念被引入的。另外，震旦部故事的出典主要是汉典籍，所以比起讲述地狱，人们更关心冥界。换句话说，冥界观可以说是当时中国人的地狱观。最后，从本朝说话的地狱相中可以看出，因神佛习合而变质的地狱观。综上所述，在《今昔物语集》中，我们看到了地狱是如何被理解和解释的，在不同的民族和文化背景下，地狱这一概念在被解释的过程中发生了变化。对于以往所有的人来说，地狱的存在一定是非常重要的。

---

① 石田瑞麿『日本人と地獄』，春秋社，1998年。

第八章

芥川龙之介的小说《罗生门》与《今昔物语集》

　　1915 年 11 月芥川龙之介在《帝国文学》上发表了他的短篇小说《罗生门》。这篇小说取材于《今昔物语集》里的两个故事,更具体地说它主要基于对卷二十九(本朝恶行)第 18 话的改作。本章通过对《罗城门》和《罗生门》的几个构成要素进行对照,将两者的场面设定、人物设定、对话设定等进行了对比解读,使读者能深入作品的细节层面来考察《罗城门》如何给芥川的创作带来刺激和灵感。小说《罗生门》揭示了与《今昔物语集》故事不同的主题,其内容也因此发生变化。解明芥川如何改编故事内容,可以更深入地把握《今昔物语集》故事和芥川小说的内容,尤其对把握小说《罗生门》的主题具有重要意义。

　　1915 年(大正四年)11 月,时年 24 岁的芥川龙之介以笔名柳川隆之介(杂志目录上署名为"柳川隆之助")在东京帝国大学文学部的刊物《帝国文学》(第二十二卷第十一号,通号第二百五十二号)上发表了短篇小说《罗生门》,在 1917 年 5 月刊行的芥川第一部短篇小说集《罗生门》(阿兰陀书房)中这篇小说编排在卷头,小说结尾处所记完成日期为"四年九月",即大正四年(1915)9 月。

　　关于这篇小说的起笔时间,从大正三年(1914)秋天说[1]到大正四年(1915)夏天之后说[2],不同说法跨度近一年。海老井英指出:

---

① 小堀桂一郎「芥川龍之介の出発—『羅生門』态考」,『批評』,1968 年。
② 竹盛天雄「羅生門—その成立をめぐる試論」,『芥川龍之介研究』,明治書院,1981 年。

大正三年三月已经有了《罗生门》的原型构想,因此去参观旅行,经过大正三年秋的"精神革命"体验,同年年末整理出了《罗生门》第一阶段的初稿。①

清水康次则认为 1915 年(大正四年)春以后执笔的看法较妥当,执笔时期应该靠近"四年九月"的完成日期②。

芥川的《罗生门》取材于《今昔物语集》卷二十九(本朝恶行)第 18 话《盗人登罗城门见死人的故事》(以下略为《罗城门》)和卷三十一(本朝杂事)第 31 话《大刀带阵卖鱼姬的故事》。关于芥川执笔时是依照哪个版本构思《罗生门》的,学者们长期以来不遗余力地进行了缜密的考证研究。安田保雄认为芥川依照《校注国文丛书》创作了《罗生门》③,森本修对此提出了反论④。宫田尚赞同森本的观点并进一步指出:

> 《罗生门》不是依据《校注国文丛书》(博文馆)所收的《今昔物语集》构思执笔的。(中略)正像森本指出的那样,芥川龙之介构思执笔《罗生门》时所用的必定是《改定史籍集览》(第九册)(近藤活版所)、《国史大系》(经济杂志社)、《丹鹤丛书》(下)(国书刊行会)等其中的某个本子。⑤

须田千里则提出:

> 《罗生门》执笔时依据资料是《校注国文丛书》的可能性很高。如果依据"昔日从中学生开始"阅读《今昔物语集》的话,由此马上想到的是从《校注国文丛书》中读到的。⑥

关于"罗生门"一词,马渊一夫指出:

① 海老井英『芥川龍之介論考─自己覚醒から解体へ─』,桜楓社,1988 年。
② 清水康次『芥川文学の方法と世界』,和泉書院,1994 年。
③ 安田保雄「芥川龍之介『羅生門』」,『明治大正文学研究』,1951 年。
④ 森本修『『羅生門』成立に関する覚書」,『国文学』,1965 年。
⑤ 宫田尚『『羅生門』の契機となった『今昔物語集』のテキスト」,『日本文学研究』,2004 年。
⑥ 須田千里「『今昔物語集』の内と外─『羅生門』『偸盗』をめぐって」,『解釈と鑑賞』,2007 年。

　　通常《今昔物语集》中是"罗城门"，平安时代的读音估计是"ラセイモン"(raseimon)，但是在谣曲中写成"罗生门"，读作"ラジャウモン"(rajaumon)。是什么理由使得芥川不用"罗城门"而写成"罗生门"？芥川有爱卖弄学问的特点，应该不会使用俗称的"罗生门"，而直接采用《今昔物语集》中的"罗城门"吧？如此说来，他读的《今昔物语集》或许是写成"罗生门"的版本吧？这也是应该进行研究的问题。[①]

　　马渊一夫推测的那种《今昔物语集》版本至今也没有发现，这种版本存在的可能性很低，即使有也不可能是《今昔物语集》成书时期的祖本。

　　在《罗生门》发表后的百年间里，研究者从不同的视角进行了各式各样的诠释与批评[②]。其中，长野尝一对古典作品和近代作家作品进行了比较研究，划分出详细的分类，开拓了新的研究方向[③]。

　　本章在先行研究的基础上，着重对《今昔物语集》卷二十九（本朝恶行）第18话《罗城门》和芥川的《罗生门》进行比较分析。和原典相比，小说《罗生门》的情节有哪些增减？有什么变化？通过上述考察来探究芥川的创作意图。

一、罗城门和罗生门

　　首先需要弄清的问题是，为何芥川要将小说的题目命名为《罗生门》，而非沿用《今昔物语集》的"罗城门"。日本典籍中关于"罗城门"的记载可见于《拾芥抄》宫城部第十九："罗城门者是周之国门，唐之京城门，西都谓之明化门，东都谓之定鼎门，罗城其义未详。"[④]

　　中国典籍中的"罗城"是指城的外郭，《读史方舆纪要》卷九十四"永嘉城"条中有："内城亦曰子城，（中略）外城亦曰罗城。"[⑤]

　　古代汉语中的"城"是指围拢都邑或国家的城墙，城墙开的门基本上都有

---

① 馬渕一夫「『今昔物語集』と芥川龍之介」，『解釈と鑑賞』，1966 年。

② 関口安義『世界文学としての芥川龍之介』，新日本出版社，2007 年。

③ 長野嘗一『古典と近代作家—芥川龍之介』，有朋堂，1967 年。

④ 『拾芥抄』，八木書店，2006 年。

⑤ 《读史方舆纪要》，中华书局，2005 年。

名称,如《旧五代史》有这样的记载:"乙未,立东京罗城诸门名额,东二门曰寅宾、延春。南三门曰朱明、景风、畏景。西二门曰迎秋、肃政。北三门曰元德、长景、爱景。"①

此外,另有皇帝下诏书变更城门名称的记载:"诏改邺都(中略)罗城南砖门为广运门,观音门为金明门,橙槽门为清景门,寇氏门为永芳门,朝臣门为景风门。"②

但是,没有直接用"罗城门"命名城门的记载。川胜政太郎也注意到这一点,在论及日本的"罗城门"的由来时他指出:

> 罗城是指罗郭城,在中国是对围绕都邑外郭的防护墙的称谓。(中略)日本的罗城门不是罗城上开的门,只是从中国借用过来的名称,必须注意罗城门两侧没有称为"罗城"的城墙。③

古代日本在实行律令制的同时采用了隋唐的都城制,模仿洛阳及长安都城筑城④。日本最早关于"罗城"的记录见于《日本书纪》"天武天皇八年十一月"条:"是月,初置关于龙田山、大坂山,仍难波筑罗城。"⑤

这里当然是指难波京的罗城。在《续日本纪》"圣武天皇天平十九年六月己未"条中有关于平城京罗城门的记载:"于罗城门雩。"⑥

《延喜式》及《日本纪略》等也有关于平安京的罗城和罗城门的记载。《拾芥抄》有平安京罗城门的构造及规模的记载:"罗城门(中略)二重阁、七间、玄武门,在朱雀大路南面"⑦。

关于芥川的小说放弃"罗城门"使用"罗生门"的原因前文提到马渊一夫的假说,"罗生门"一词的出现应该和室町时代末期观世信广的谣曲《罗生门》有关,长野尝一认为是误记。他指出:"关于'罗生门'的写法应该是江户时代

① 《旧五代史·周书九》,汉语大词典出版社,2004 年。

② 《旧五代史·晋书六》,汉语大词典出版社,2004 年。

③ 川勝政太郎『平城京·平安京と羅城』,『史跡と美術』,1944 年。

④ 川勝政太郎『羅城·羅生門考』,『国学院大学政経論叢』,1952 年。

⑤ 『続日本紀』,岩波書店,1994 年。

⑥ 『日本書紀』,小学館,1998 年。

⑦ 『拾芥抄』,八木書店,2007 年。

以后的误记,正确的写法是'罗城门'。(中略)罗城的意思不明,(中略)但无疑是模仿唐代京城门的名称。"①

不过,以上种种观点与说法依然停留在猜测与假说层面,至今仍无可以凭信的推断。无论是出于偶然或是故意,"罗生门"这一名词倒是因芥川的选择而获得了永生。

事实上,芥川虽从《今昔物语集》当中摄取了自己所需的材料,但很明显他已不在意原故事中事件的经纬。通过将芥川的《罗生门》与《今昔物语集》的"罗城门"故事加以对照,我们可以更清晰地看出他是如何将这个故事转化成小说的。

让我们首先从《罗城门》中与城门相关的描写开始:

(1)藏在罗城门下。

(2)轻巧地爬上了门的二层,见模模糊糊燃着的灯火。

(3)盗人觉得奇怪,透过格子窗张望,有个年轻女子的尸体躺在那里。

(4)悄悄打开门。

(5)冲上前去。

(6)那上面有很多死人的尸骨,不能下葬的尸体都弃置在这座门上。②

从以上的细节中可以看出罗城门有下(1)上(2)两层,上层有格子窗(3)和门(4),上层的房间昏暗需要照明(2),空间比较宽阔(5),有很多尸体(6)。

应该注意的是(2)"轻巧地爬上了门的二层",罗城门有没有台阶?盗人是如何爬上第二层的?这是《今昔物语集》研究者早已关注的问题。《今昔物语集》原文使用的动词是"搔つき登たり",小学馆《今昔物语集》第四册第384页注9中的解释是"手脚并用攀爬"。相同的动词出现在《今昔物语集》卷四第25话中,同样也是攀登的意思,小学馆《今昔物语集》校注者认为"搔つる"是

---

① 長野甞一『古典と近代作家—芥川龍之介』,有朋堂,1967年。

② 金伟、吴彦译:《今昔物语集》,万卷出版公司,2006年。

"搔づらふ"的语源。岩波新大系本《今昔物语集》也有类似的注释:"悄悄地攀爬上来。此后登场的老妪应该有攀登的办法,但是有无阶梯及其形态不详。"

平冈敏夫在论文《罗生门的异空间》中也指出:

> 《今昔物语》中"轻巧地爬上了门的二层,看见有火光","搔つき登"是"登攀之意"(《日本古典文学大系》26 头注),具体是什么方式? 因为是"攀登",所以是凭借什么攀登上去的,是悬身攀登的意思,比起登起来方便的阶梯,更像是接近立柱那样陡直的梯子。①

接下来再看《罗生门》中与城门相关的描写:

(1) 一个仆人在罗生门下等待雨停,宽阔的门下。

(2) 到处朱漆剥落的大圆柱上。

(3) 罗生门在朱雀大路上。

(4) 罗生门的修缮等事项,从开始谁都弃置不顾,就那么任其荒废,狐狸来住,盗贼来住,最终无人安葬的尸体也被搬到这座门来,弃尸而去竟然成了习惯。所以到了看不见日光的时候,谁都会觉得瘆人,不愿到这座门的附近。

(5) 到处都开裂了,裂缝中长着草的石阶上能看到稀稀拉拉粘着白色的乌鸦屎。仆人洗得花白的藏蓝色长衫裹着的屁股坐在七级石台阶的最上一段。

(6) 门楼上斜伸出去的甍标支撑着浓重阴暗的云。

(7) 风在门楼的立柱之间和暮色一起肆虐。

(8) 幸好看见登门楼的宽阔的朱漆剥落的阶梯。

(9) 踏上了阶梯的最下段(中略)奔向罗生门的楼上,宽阔的阶梯中段,(中略)终于登上阶梯陡峭的最上段。

(10) 到处布满蜘蛛巢的天井。

(11) 楼内,如同传说的那样胡乱丢弃着一些尸体,火光所及的范围

---

① 平冈敏夫「『羅生門』の異空間」,有精堂,1993。

比想象的狭小,也不知道数量是多少。

(12) 老婆把松木片插在地板缝间。

(13) 大步走到老婆面前。

(14) 到梯子口仅有五步距离。

(15) 爬到梯子口,然后从那里垂着白短发向门下窥视。

芥川通过以上细节细致地描绘了罗生门的上下内外。首先,罗生门的基底是七级开裂的石台阶(5);宽阔的门下(1)有数根(7)朱漆剥落的大圆柱(2);通向罗生门二层的宽阔的梯子(8)分上中下三段(9);这三段梯子应该是一条直线延伸上去的,因为从上段的梯子口能看到门下(15)。

但是在《罗城门》中没有关于石台阶和梯子的描写,因此盗人是如何登上第二层的是个问题。平冈敏夫对这个问题有论述:

> 因此搬运尸体也是很不容易的吧。这一点,芥川这样描写道"幸好看见登门楼的宽阔的朱漆剥落的阶梯",便于搬运尸体的宽阔的梯子,描写到了朱漆,对梯子是充分留意的。①

芥川在小说中不仅设置了石台阶和梯子,对仆人登上第二层的过程也有详细的描述。在仆人抢夺老婆的衣服等物品后,芥川也没有忘记提示梯子的存在。

在《罗城门》中,登上门的第二层不仅需要"攀爬",还设置了帘子和门。通过这些细部描写暗示了一个密闭神秘的空间。盗人在这个空间里"跑近老妪",可以推测这是比较宽阔的场所。

《罗生门》中,读者很容易会留意门的上下层有宽阔的梯子连接,没有帘子和门,相比起来《罗城门》的上层笼罩着更为强烈的神秘氛围。应该注意的是芥川强调门下的大圆柱和圆柱之间的空间,来让读者意识到罗生门下层的宽阔;相反,"大步走到老婆面前""到梯子口仅有五步距离"等描写,却反映出门上层的狭窄。无法确认老婆在门上层的具体位置,很难判断罗生门上层的

---

① 平冈敏夫「『羅生門』の異空間」,有精堂,1993 年。

宽度。但是,"大步走到老婆面前"与"跑近老妪"相比,能明显产生《罗城门》的上层空间比《罗生门》上层空间宽阔的印象。正像森正一概括小堀桂一郎的论述那样,第二层是"被限定的狭窄空间"①。这或许是芥川龙之介参考了《拾芥抄》等文献,有意识将仆人和老婆的活动空间设定在"罗城门二重阁七间"的靠近梯子的一间吧。

与《今昔物语集》的故事不同,在小说的创作中,作者的意图决定了小说的整体。比如,关于《罗生门》的题名中隐含的意思有各种各样的论述,冈崎义惠强调:"用实际存在的门为题名,将其作为人生纠葛的场所,有使其具有象征意义的意图。"②

森常治认为:"面临崩溃的门显示了即将崩溃的人类文化。"③关口安义则认为罗生门是一种"境界"的存在:"小说《罗生门》是讲述如何通过罗生门这个'境界'进入别的世界的故事。"④

平冈敏夫分析指出:"朱雀门有'二层、七间五户五间',和罗城门男性的威严相对可以想象能显示出一些女性的优雅来吧。"⑤

寺村滋更是引用精神分析学说来解释"罗生门":"仆人或者说强盗,是芥川自身在无意识作用下想使恋人成为自己的性的愿望。"⑥

森本修认为:"寺村滋的说法让人觉得有些过于无聊。"⑦

芥川在《罗生门》中设置了石台阶和梯子以及下层空间宽阔上层空间相对狭小昏暗的格局,不知道这是否有什么意图?如果从精神分析的角度来分析《罗生门》,也许并非毫无意义。

二、盗人和仆人

《罗城门》中登场的主人公是盗人,《罗生门》的主人公是仆人,仅从字面

① 森正人「『羅生門』への途―方法の穫得」,『文学部論叢』,1991。
② 岡崎義惠「羅生門と地獄門―特に原作との関係について―」,『国語と国文学』,1955 年。
③ 森常治「芥川龍之介の『羅生門』」,『解釈と鑑賞』,1965 年。
④ 関口安義「『羅生門』―反逆の論理穫得の物語」,『国文学』,1992 年。
⑤ 平岡敏夫「芥川龍之介と日本の古典―羅城門から朱雀門へ―」,『国文学』,1972 年。
⑥ 寺村滋「『羅生門』の精神分析的解釈」,『国語国文学』,1970 年。
⑦ 森本修「『羅生門』成立に関する覚書」,『国文学』,1965 年。

来看盗人和仆人的身份是迥然不同的。首先来看看《罗城门》中有关盗人的细节：

    （1）从摄津上京来盗窃的男子，隐立在罗城门下。

    （2）立在门下等待的当口，听见从山城方向走过来一些人，心想："不能让这些人看见。"

    （3）悄悄攀登到门的上层，看到忽闪的火光。

    （4）盗人觉得奇怪。

    （5）盗人看到这些觉得不踏实，心想："这莫非是鬼吗？"

    （6）他毛骨悚然，又想："也许是死者的鬼魂吧？先吓唬吓唬。"

    （7）悄悄打开门，拔出刀来，叫道："谁？谁？"说着跑上前去。

    （8）盗人问道："这位老妪是什么人？在干什么？"

    （9）盗人剥下死人的衣服和老妪的衣服，又夺过拔下来的头发，跳下来逃走了。

    （10）这件事是那个盗人对人说起来的。

《罗城门》故事的开头就交代了男主人公上京的目的是盗窃（1）；此后通过（2）（4）（5）（6）处的"想"，刻画出盗人小心谨慎的性格；又通过（3）（7）两处"悄悄"的动作，描写了盗人的机敏；（7）（8）（9）反映了盗人的果断的行动力。通过这些细部描写，一个梁上君子的生动形象跃然纸上。

小说《罗生门》中，芥川将盗人的身份转换成为生计所迫想成为盗人的仆人。这个问题是百年来《罗生门》研究的重点，已经积累了很多成果。

长野尝一在对照《罗城门》和《罗生门》的主要情节时指出三个不同之处，除了第二处是和死者相关外，第一处和第三处都是关于盗人和仆人的分析：

    第一，主人公的境遇和性格不同，在《今昔物语集》中男主人公一开始就以盗窃为目的，从摄津上洛寻找值钱猎物的。芥川将此人变换成被主人解雇的仆人，成为徘徊于或盗窃或饿死的二者择一境地中的底层小民，他掌握着随环境改变而出现的很多可能性。这两者的不同，从看到老婆的行为后的反应上，从最后盗取的物品种类数量上都能看出很大的差距。仆人一时受对恶的憎恶的驱使而燃起正义感。《今昔物语集》中的盗人虽然怀有恐惧，但是没有燃起正义感的根据。芥川笔下的仆人只抢夺了老婆的衣物便仓皇逃去，《今昔物语集》中的盗人除此之外连同年轻死者的衣物和拔取的头发也全部抢夺而去。(中略)第三，芥川添加了很多仆人的心理描写，但是在《今昔物语集》中完全看不到这些，而只是通过动作描写来展开情节。[①]

三、 妪和老太婆

芥川在《罗生门》中将《罗城门》中"妪"改写成"老太婆"，日语中"妪"和"老太婆"的意思相同，但是芥川将《罗生门》中的男主人公设定为因生活所迫准备成为盗人的仆人，因此老太婆在小说结构中的机能发生了根本性的转变。老太婆把为生计所迫的仆人变成盗人，是小说《罗生门》中起决定性作用的媒介。我们还是将《罗城门》中"妪"和《罗生门》中的"老太婆"做一个对比。

《罗城门》中"妪"：

(1) 极为年长的白发老妪。

(2) 坐在那个死人的枕头上。

(3) 正拼命地拔死人的头发。

(4) 老妪慌忙合起手掌狼狈不堪。

(5) 老妪说："我的主人死了，没人安葬，就放到这里了，她的头发很长，想拔下来做假发，来帮一把。"

《罗生门》中的"老太婆"：

(1) 身着栗红色和服，矮小，瘦削，满头白发，像猴子一样的老太婆。恰似老猴子给小猴子捉虱子那样，正开始一根根拔那些长发。

---

① 長野甞一『古典と近代作家—芥川龍之介』，有朋堂，1967 年。

（2）老太婆一看见仆人，如弹弩般跳了起来。

（3）恰似鸡爪一样皮包骨的手腕。

（4）老太婆两手哆哆嗦嗦抖个不停，端着肩膀上气不接下气，眼球快要从眼皮蹦出来一样瞪着眼睛，哑巴一样固执不语。（中略）老太婆的眼睛又睁大了一些，死死地盯着仆人的脸，眼皮开始发红，目光像食肉的禽鸟那样锐利。

（5）皱巴巴的嘴唇几乎和鼻子连在一起，好像在咀嚼着什么那样嚅动着。能看到尖尖的喉头在细细的喉管蠕动。

（6）从喉咙里发出乌鸦鸣叫般气喘吁吁的声音传到仆人的耳朵。老太婆嘟囔地发出哼哼唧唧的声音。

（7）"拔头发，把这个女人的头发，是想做假发。"（中略）"拔死人的头发也许的确是件坏事。可是，这里的大多数死者都是不枉遭受这般对待的人。就拿现在被我拔头发的这个女人来说吧，把蛇切成四寸长晒干，说是干鱼，拿到禁卫军营去贩卖，如果不染病死去，说不定至今还去贩卖。而且那些禁卫军们还说这个女人卖的干鱼好吃，成了非买不可的食材。我不觉得这个女人是做了坏事。如果不做就会饿死，是没有办法的事情。所以，我也不觉得眼下做的是坏事，这也是不做就会饿死的没有办法的事情。这个女人很了解这是没有办法的事情，我想自己做的事情无疑会被原谅。"——老太婆大致说了这样的意思。

《罗城门》中关于"妪"的外貌描写只有一处"极为年长的白发老妪"，芥川在《罗生门》中对"老太婆"的外貌特征的描写用了很多笔墨，并使用类比猴子、鸡、食肉的禽鸟、乌鸦、蛤蟆等动物特征进行夸张。但是，"妪"和"老太婆"最根本的差异在对话上。

《罗城门》中，"妪"是这样回答盗人的，主人去世了，没有人安葬，将尸体弃置在罗城门上，因为头发较长，想做成假发。《罗生门》中，通过"老太婆"的对话可以推断老太婆和死者的关系并非主仆关系。《罗生门》中这一细节的变化，很可能来自芥川阅读《罗城门》时的启发。"极为年长的白发老妪，坐在那个死人的枕头上，正拼命地拔死人的头发"，和突然出现的盗人照面，"慌忙合起手掌狼狈不堪"。"妪"此后的对话是真实的还是谎言？从《罗生门》中

"老太婆"对话的变化也许可以推断,芥川认为《罗城门》中"妪"说的是谎言。细读《罗城门》不难产生这样的联想。

　　且不论主人的尸体是否是"妪"搬到门楼上弃置的,年迈的"妪"是如何登上连灵活的盗人也需要"攀登"而上的门楼的还会令人质疑。即使抛开这个疑点,连在死去的主人身边都要放置枕头的老女仆,又会拔主人的头发吗?最容易让人联想到的显然是"妪"说的自己和死者的关系是谎言,是为了博得同情而求生。

　　《罗城门》中的枕头看似无足轻重,但却是暗示这种疑问的关键。关于《罗城门》中的盗人鸟居邦朗指出:"《罗城门》中的盗人确实是专业的盗人(中略),值钱的东西一件也没有留下[1]。"鸟居邦朗忽视了枕头的存在,《罗城门》中出现的可以抢夺却留下来的唯一的财物。狡猾贪婪的盗人夺取了死人和老妪的衣物以及拔下来的头发,却留下了枕头。虽然盗人把枕头抢走,但也不会影响读者的联想,这或许正是《今昔物语集》编撰者想暗示"妪"说的是谎言。

　　《罗生门》中没有出现枕头,芥川避开了或许暗示谎言的枕头,也许是为了让读者相信老太婆的话语的真实性,因为老太婆的话在芥川小说中承担着让仆人变成强盗的决定性功能,必须具有说服力和影响力,这是小说产生戏剧效果的重要前提。从小说叙述的角度来说,"妪"说的话是为了让盗人相信的,"老太婆"说的话是芥川想让读者相信的。

四、死者的身份

　　上文提到长野尝一在对照《罗城门》和《罗生门》的主要情节时指出的三个不同之处,第二个不同之处与死者相关:

　　　　第二,已经成为尸骸的年轻女子的性格不同,在《今昔物语集》中是老妪的女主人,在芥川的作品中是女商贩,芥川在此插入了另一个故事,并让老太婆说出女商贩生前也是不得不以欺诈为生,试图把生存的利己

---

① 鳥居邦朗「下人は盗人になれなかった—『羅生門』小論—」,『武蔵大学人文学会雑誌』,1967 年。

主义堆加两重三重。插入的这个故事出自《今昔物语集》卷三十一中的第三十一个故事,原故事的主人公虽然是年迈的老妪,芥川将其前身化身为一年轻女子。但是《今昔物语集》的女主人公和芥川笔下的女商贩都是因为生活所迫,这一点是共通的。[①]

在判断《今昔物语集》中的"妪"说的是真话还是谎言的时候,如果选择与芥川相反的判断,认为"妪"说的是真话的话,那么可以推测忠实的老女佣一直服侍落魄的女主人,直到女主人离世,在把女主人葬于罗城门上时,还至少带来枕头作为陪葬品。如此忠实善良的老女佣有可能做出拔女主人的头发做假发的恶行吗?

《今昔物语集》编者的高明之处是将这个故事收录在卷二十九的"本朝恶行"的故事群里,妪和死者的关系,通过妪的对话及其他细节描写让读者加以判断。芥川的判断具有合理性。拔女主人的头发做假发并且说谎,这无疑是恶上加恶的行为。

五、结语

通过对《罗城门》和《罗生门》的几个构成要素进行对照,将两者的场面设定、人物设定、对话设定等进行了对比解读,使我们能深入作品的细节层面来考察《罗城门》如何给芥川的创作带来刺激和灵感。小说《罗生门》揭示了与《今昔物语集》故事不同的主题,其内容也因此发生变化。解明芥川如何改编故事内容,可以更深入地把握《今昔物语集》故事和芥川小说的内容,尤其对把握小说《罗生门》的主题具有重要意义。这些问题也是《罗生门》创作灵感之源。小说家必须洞察人性的复杂性,并在故事的冲突中解明人性的真相。作家通过具有真实感的小说人物,将自己的灵感及意图传达给读者。《罗生门》对芥川来说其主要意图是完成仆人从内心变成强盗的主要情节。

芥川将《罗生门》的结尾改写了两次。在大正四年(1915)十一月的《帝国文学》中,《罗生门》的结尾是这样的:"仆人已经急匆匆地冒雨到京都城里做

---

① 長野甞一『古典と近代作家—芥川龍之介』,有朋堂,1967 年。

强盗去了。"

在一篇短篇小说中完成仆人到强盗的转变不免使人感觉过于急促,芥川自身也一直为这样的结尾烦恼。在大正六年(1917)出版的短篇小说集《罗生门》中他对结尾略微进行了修改:"仆人已经急忙冒雨到京都城里做强盗去了。"

最终在大正七年(1918)的短篇小说集《鼻子》中他将结尾改为:"谁也不知道仆人的行踪。"

通过两次对结尾的修改,可以看出芥川对人性的思考和把握的动摇。正因为这样的动摇增强了《罗生门》的真实性和艺术性。芥川对人性认识的飞跃和对人性的深入思考正是支撑小说《罗生门》的大圆柱。小说问世以来,众多的研究者不断挖掘小说中罗生门、仆人、老太婆、死者、蟋蟀、雨、粉刺等潜含的象征意义。支撑"罗生门"的"朱漆剥落的大圆柱"也承担着各种象征意义。同《罗城门》的故事相比较,池上贵子的观点正中要害:

　　　芥川在《罗生门》中为了作品的构造而舍弃的正是《罗城门》那样的人间存在的原色世界。[1]

---

[1] 池上貴子「『羅生門』論—末尾改稿を軸に」,『日本文学研究』,2004 年。

关于《今昔物语》

芥川龙之介

金伟、吴彦　译

　　《今昔物语》三十一卷分为天竺、震旦、本朝三部分。说本朝部分最有意思恐怕没有谁会有异议。本朝部分最令我等感兴趣的是"世俗"及"恶行"部。——即《今昔物语》中最接近社会新闻的部分。但是……

　　但是我对佛法的部分也多少感兴趣。那当然不是说对佛法，或者是说对天台及真言的护摩的烟雾感兴趣。只是说对当时的人们的心灵感兴趣。道命阿阇梨虽说是阿阇梨，也是和泉式部的情人。可是他诵经的时候，诸天善神也欢喜不已，下到法轮寺的前面来（本朝部的卷二第三十六《天王寺别当道命阿阇梨的故事》）。不仅如此，金峰山的藏王、熊野的权现、住吉的大明神等也一定要下来，不但是沐浴经的功德，也是为了感受"诵读的声音非常微妙，听闻的人无不垂首起敬"。当时的诸天善神更不用说护法都很热心吧。他们的热情不能说和我等对音乐的热情不无相同的原因。

　　另外，佛法部对我的启示还有，当时的人们对从天竺渡来的超自然的存在——从佛菩萨开始到天狗等超自然的存在是如何如实感知的？不但是他们，也包括我等。法华寺的十一面观音、扶桑寺的高僧们，乃至金刚峰寺的不动明王（赤不动），只给与了我等唯艺术的——美的激动。他们眼睛注视的——或者说至少是在幻想中目击了超自然的存在，又对超自然的存在感到恐怖及尊敬。比如金刚峰寺的不动明王，在某些地方和精神病者的梦相似，所具有的庄严具令人毛骨悚然。那令人感到毛骨悚然的庄严具仅仅是凭想象产生的吗？

　　从前，河内国若江郡游宜村有位尼姑……绘制佛像……有段时间尼姑有事不能到寺里来,那幅绘像被人盗走了。尼姑悲叹不已,四处搜寻也毫无结果。……尼姑又向信者募捐准备去放生。行至摄津国难波,在河边徘徊,遇见许多从市上回来的人。尼姑看见树上有个箱子,箱子的主人不在。尼姑听到此箱中有各种生物发出的声音,心想:"这里面装有畜生类的活物,一定要把它买下来放生。"……等了很久,箱子的主人终于回来了。尼姑对箱主说道:"此箱中有各种生物的声音,我是来放生的,想买下这只箱子,所以一直在这里等你。"箱主答道:"箱子里绝对没装活物。"尼姑还是态度坚决地请求,箱主继续解释道:"没有活的东西。"……从市上回来的人们聚集过来,听说此事后说道:"快把箱子打开看看,就知道真假了。"箱主假装走到旁边的样子,丢下箱子溜走了。……知道他早已逃走了,打开箱子一看,发现里面装着被盗的佛像。……(同上,第十七《尼所持佛像被盗自然奉还的故事》)

这个故事里,能听到树上的箱子中传出畜生声音,充满了美丽与生动。描绘金刚峰寺不动明王的或许不是职业的画工。创作这个故事的(如果能称为"创作"的话)不是什么小说家,只是当时的某一个人。他们一定是看见佛菩萨在地上行走了吧;看见天狗像鸢似的在空中飞行了吧。

我在评论前面那个故事时使用了"美丽与生动"这样的词汇。暂时先不问美或不美,说"生动"是《今昔物语》的艺术生命肯定无妨。比如从第十三《三兽行菩萨道兔烧身的故事》(天竺部,卷五)来看,《今昔物语》的作者为兔子加了这样的形容:

> 兔子决心去取来灯和香,可是兔子的耳朵又高又弯,眼睛睁得大大的,前足短后胯大开,寻遍东南西北一无所获。

"耳朵又高"以下的话语,在载录同一故事的《大唐西域记》及《法苑珠林》中没有发现(谁都知道这个故事是释迦佛没出生的过去世的故事——Jataka中的故事)。因此不能不佩服作者生动的写生技巧。远古的天竺的兔子被刻画得如此生动,令人感觉栩栩如生。

这种生动,在本朝部中更显得野蛮。更野蛮?我终于发现了《今昔物语》的本来面目。《今昔物语》的艺术生命并不只是归结为生动。借用红毛人(西洋人,译注)的话来说,是 brutality(野性)的美,或者说是与优美及华奢等最无缘的美。

从前,有个男子从京城去东国,也不知走到了什么国什么郡,经过一个乡村的时候,突然性欲勃发,狂乱思念女性,心里无法平静不知所措,见大路边的墙内青菜长得非常茂盛。正是十月,芜菁已经长大了。这个男子立刻下马走进墙内,拔出一个大芜菁在上面雕了一个洞,对着洞交接自慰,事成后立即把芜菁丢在墙内离开了。

此后,这块地的主人领着一大群下女来拔青菜,把小女儿也领到菜地拔青菜。女儿十四五岁,还没有接触过男人,正拔着青菜的时候,跑到墙边儿玩去了,看见了那个男子丢下的芜菁,说道:"这有个雕洞的芜菁,怎么回事?"玩了一会儿后,把那个发皱的芜菁刮了刮吃了。然后和大家一起返回家中。

此后,女儿不知为什么心情烦恼,不想吃东西,情绪和往常不一样。父母很担心,问道:"这是怎么回事?"过了几个月才发现已经怀孕了。父母非常吃惊,责问道:"你到底干了什么?"女儿说道:"我没有接近过男人。可是有件怪事,那天看见一个芜菁给吃了,从那天起心情就变了,成了这个样子了。她这样说父母还是弄不明白这到底是怎么回事,不断打听,家里的侍从也都说:"没有见到接近过男人。"就这样一直也搞不明白,又过了数月,胎儿足月了,平安生下了一个漂亮的男孩。……(本朝部的卷十六第二《东方行者娶芜生子的故事》)

对这个故事所具有的野趣现在还是别加什么语言修饰为好。作者写生的笔致"对着洞交接自慰""把那个发皱的芜菁刮了刮"等不用三言两语就表现了出来。这种表现上的特色不仅仅是这个故事里有,比如源赖光的四天王乘女车的故事(本朝部的卷十八第二《赖光家臣紫野见物的故事》),把他们晕车的场景描绘得多么淋漓尽致。

《今昔物语》的作者描写事实一点也不添加多余的成分。这和描写我等人间的心理相同,尤其是《今昔物语》中的人物,不是像所有传说中的人物那样具有复杂的心理。他们的心理很少有阴影,充满原色。今日我等的心理和他们的心理是多么相呼应啊。银座当然不是朱雀大路,摩登男孩也好,摩登女孩也好,如果窥视他们的灵魂,寂寞依然如同《今昔物语》中的年轻武士及年轻女官。

　　从前,有一位年轻英俊的男子,不知道是什么人,像是个武士。也不知这男子从何处而来,正走在二条朱雀大路上。路过朱雀门时,见路旁站着一位十七八岁的女子,衣着华丽,体态优美。……男子把女子叫到朱雀门中的无人之处……男子对女子说:"……你要听我的话,时常想着我。"女子说道:"我不会拒绝你的要求,一切听从你的,可如果这样的话我定会丧命。"男人不明白女子说的什么意思,只当是她的托词,不由分说抱住了女子。女子哭泣着说道:"你在这世上有家室和孩子,如此对我不过是一时的轻浮之举。为这一时的调情,我将替你丧命,真令人悲伤呀!"女子虽不断地拒绝男子,但最终还是顺从了。……(本朝部的卷四第五《为救死野干写法华人的故事》)

这个故事中的女子其实是狐狸变化的。他们的问答是在长椅子上进行的吧。狐狸过了一夜后,用扇子遮着脸,倒在武德殿中。那把扇子是男子作为信物赠送的。我觉得这个故事是《今昔物语》中最抒情的故事之一。秋日照射下的武德殿外或许有野菊花等正在开放吧。……

作者这样的写生笔致清晰地描绘了当时人们的内心斗争。他们也和我等一样为了娑婆苦(世间的痛苦,笔者注)而呻吟。《源氏物语》最优美地描写了他们的痛苦。而《大镜》(平安朝的历史物语,作者不详。笔者注)最质朴地描写了他们的痛苦。总之,《今昔物语》最野蛮——或者说近乎残酷地描写了他们的痛苦。我等不能说光源氏一生中没感觉悲伤吧。不用说兼通卿的一生更是情感激烈。但是《今昔物语》中的故事,比如《参河守大江定基出家的故事》(本朝部的卷九第二),更是被痛苦折磨得几乎喘不过气来。

　　女子娇美的容颜也随之变得憔悴。定基目睹这些,无法形容自己内心的悲伤。女子最终因病重死去。此后,定基更是痛苦不堪,他很长一段时间内没有埋葬妻子,一直将她抱在怀中入寝。几天以后,当他吸吮妻子的嘴时,突然觉得有一股说不出的臭味,他这才感到恶心,哭着将妻子埋葬了。……有一个人捕到一只活野鸡，定基看见后说道："去把这只鸡活着做来吃了……"那些不明白定基心思的家仆们听到这话，也附和道："那样确实不错……"有人拎过活野鸡来燂毛，野鸡扇动着翅膀扑嗒扑嗒挣扎了一会儿。有人上来按住，胡乱地拔起毛来。血一样的泪水从野鸡的眼中流下来，鸡的眼睛眨动着环视周围人们的脸。面对这番情景，有人不忍目睹想走开，也有的人残忍地笑着继续拔野鸡身上的毛，并说道："快看呀，野鸡哭了。"拔完鸡毛后，又将野鸡活活地切开。菜刀上的血滴滴答答地往下流，杀鸡的人一边不断地擦着菜刀上的血一边切开鸡，野鸡发出无法形容的惨叫后死去。……

正如前面提到的，《今昔物语》充满了野性美，这种美又不是仅仅辉映宫廷的世界。这个世界上出没的人物，上至君临天下的帝王，下至平民、盗贼、乞丐，不，绝不仅仅是他们，还包括观世音菩萨、大天狗和变化的妖怪。如果再借用红毛人的话，可以说这是王朝时代的 Human Comedy（人间喜剧）。每当我打开《今昔物语》，就能感觉到沸沸扬扬的哭声和笑声。不仅仅是这些，还有他们的轻蔑和憎恶（比如公卿对武士的轻蔑），能感觉到这些声音交织在一起。我等时常在遥远的往昔中追寻我等的梦，但是《今昔物语》展示的王朝时代的京都，并非是比东京、大阪更缺少娑婆苦的都城。的确，牛车来往的朱雀大路一定很繁华吧。可是从那里拐进小路就有成群的野狗争食路边尸体上的肉。再加上夜幕降临后，各种超自然的存在——是大地藏菩萨，还是变成侍女的狐狸？正在春天的星空下漫步。修罗、饿鬼、地狱、畜生等的世界并不总是在现世之外。……

> 别醒来呀，公卿们啊！
> 站在集市边上的人们，
> 尽管比乌鸦更加鼓噪，
> 趁着美酒丰盈飘香，
> 别醒来呀，公卿们啊！

昭和二年（1927）四月

《今昔物语集》研究书目

小峯和明監修『図説神さま仏さまの教えの物語今昔物語集』,『青春文庫』,
　青春出版社,2020

『闘雞神社和漢書目録稿』,奈良女子大学大学院人間文化研究科,2020

国東文麿訳『今昔物語集：全現代語訳』,『講談社学術文庫』,講談社,2019

山口仲美著『説話』,『今昔物語集』,風間書房,2018

郭木蘭著「『今昔物語集』の漢語研究」,笠間書院,2018

高橋敬一著『今昔物語集の構文研究』,勉誠出版,2018

本田義憲著『今昔物語集仏伝の研究』,勉誠出版,2016

武石彰夫訳「『今昔物語集』本朝世俗篇：全現代語訳」,『講談社学術文庫』,講
　談社,2016

阪倉篤義・本田義憲・川端善明校注「『今昔物語集』本朝世俗部」,『新潮日
　本古典集成』,新潮社,2015

小峯和明編,竹村信治ほか著『東アジアの今昔物語集：翻訳・変成・予言』,
　勉誠出版,2012

荒木浩著『説話集の構想と意匠：今昔物語集の成立と前後』,勉誠出版,2012

小峯和明監修『図説あらすじでわかる！今昔物語集と日本の神と仏』,『青
　春新書』,青春出版社,2012

谷光忠彦著『今昔物語集の文体の研究』増補版,武蔵野書院,2011

川端善明編と訳『聖と俗男と女の物語：今昔物語新修』,集英社,2010

小峯和明編『今昔物語集を読む』,吉川弘文館,2008

馬淵和夫・国東文麿・稲垣泰一校訂・訳『今昔物語集』,小学館,2008

黒板勝美編輯『今昔物語集』新訂増補,吉川弘文館,2007,

鈴木泰『「『今昔物語集』および中世前期諸作品の語彙の計量的研究」研究代表者』,『科学研究費補助金(基盤研究(C)(1))研究成果報告書』,2006

速水侑編『日本社会における仏と神』,吉川弘文館,2006

小島孝之編『説話の界域』,笠間書院,2006

谷光忠彦著『今昔物語集の文体の研究』,高文堂,2006

小林芳規博士喜寿記念会編『国語学論集：小林芳規博士喜寿記念』,汲古書院,2006

李市埈著「『今昔物語集』本朝部の研究：その構成と論理を中心に」,大河書房,2005

原田信之著『今昔物語集南都成立と唯識学』,勉誠出版,2005

山口仲美著『すらすら読める今昔物語集』,講談社,2004

中村修也著『今昔物語集の人々』,思文閣出版,2004

佐藤辰雄著「『今昔物語集』僻説」,実践女子学園,2004

藤井俊博著『今昔物語集の表現形成』,『研究叢書』306,和泉書院,2003

小峯和明編『今昔物語集を学ぶ人のために』,世界思想社,2003

小峯和明著『今昔物語集の世界』,岩波書店,2002

中野孝次著『中世を生きる　今昔物語集』,作品社,2001

松本治久編著『歴史物語論集』,新典社,2001

池上洵一編『今昔物語集』,岩波書店,2001

小峯和明編『今昔物語集索引』,『新日本古典文学大系　別巻』,岩波書店,2001

池上洵一著『今昔物語集の研究』,和泉書院,2001

山口康子著『今昔物語集の文章研究：書きとめられた「ものがたり」』,おうふう,2000

中根千絵著『今昔物語集の表現と背景』,三弥井書店,2000

前田雅之著『今昔物語集の世界構想』,笠間書院,1999

池上洵一著『今昔物語集の世界：中世のあけぼの』新版,『以文叢書』2,以文社,1999

安田章編『鈴鹿本今昔物語集：影印と考証』,京都大学学術出版会,1997

京都大学附属図書館編『「今昔物語集」への招待：鈴鹿本「今昔物語集」国宝
　　指定記念』,京都大学附属図書館,1996

小峯和明著『今昔物語集の形成と構造』補訂版,『笠間叢書』192,笠間書
　　院,1993

三木紀人編『今昔物語集宇治拾遺物語必携』,学燈社,1993

今野達校注『今昔物語集』,『新日本古典文学大系』33—37,岩波書店,
　　1993—1999

宮田尚著『今昔物語集震旦部考』,勉誠出版,1992

説話と説話文学の会編『説話文学の方法』,清文堂,1991

今昔の会編『今昔物語集地名索引』,『笠間索引叢刊』90,笠間書院,1989

三木紀人編『今昔物語集　宇治拾遺物語必携』,『別冊国文学』33,学燈
　　社,1988

尾崎勇・小川輝夫・稲垣泰一著『軍記と説話の表現：平家物語・今昔物語
　　集・宇治拾遺物語』,表現学会監修『表現学大系』,教育出版センター,1988

三木紀人編『今昔物語集宇治拾遺物語必携』,学灯社,1988

国東文麿編『中世説話とその周辺』,明治書院,1987

小峯和明・森正人校注・訳『今昔物語集』,ほるぷ出版,1987

森正人著『今昔物語集の生成』,和泉書院,1986

小峯和明編『今昔物語集と宇治拾遺物語：説話と文体』,有精堂,1986

国東文麿著『今昔物語集作者考』,武蔵野書院,1985

小峯和明著『今昔物語集の形成と構造』,笠間書院,1985

『今昔物語集漢字索引』,『笠間索引叢刊』40,笠間書院,1984

佐藤武義著『今昔物語集の語彙と語法』,明治書院,1984

池上洵一著『「今昔物語集」の世界：中世のあけぼの』,筑摩書房,1983

有賀嘉寿子編『今昔物語集自立語索引』,『笠間索引叢刊』39,笠間書院,1982

松尾拾著『今昔物語集注文の研究：用語の類義関係の研究に基いて』,桜楓
　　社,1982

馬淵和夫博士退官記念説話文学論集刊行会編『馬淵和夫博士退官記念説話
　　文学論集』,大修館書店,1981

長野嘗一著『今昔物語集論考』,『笠間叢書』135,笠間書院,1979

国東文麿著『今昔物語集成立考』増補版,早稲田大学出版部,1978

岩井良雄著『今昔物語集語法考』,笠間書院,1978

長野嘗一著『今昔物語集の鑑賞と批評』,明治書院,1978

平安朝文学研究会編『平安朝文学の諸問題』,笠間書院,1977

金澤正大・彦由三枝子・小山田和夫編『今昔物語集人名人物総索引：天竺・震旦・本朝：平安時代政治経済社会思想史資料』,政治経済史学会,1976

石橋義秀著『仏教説話研究』,善正寺 1974

馬淵昌子編『今昔物語集文節索引』,笠間書院,1971—1981

松尾拾著『今昔物語集の文体の研究』,明治書院,1967

加藤正雄著『今昔物語集にあらわれた九州説話』,純真女子短期大学,1967

桜井光昭著『今昔物語集の語法の研究』,明治書院,1966

坂井衡平著『今昔物語集の新研究』,名著刊行会,1965

馬淵和夫編『今昔物語集：文節索引』,東京教育大学国語国文学会説話文学,語部会,1964

国東文麿著『今昔物語集成立考』,早稲田大学出版部,1962

山田孝雄校注『今昔物語集』,岩波書店 1959—1963

源隆國著『今昔物語集殘簡　中納言顯基事』,貴重古典籍刊行會,1956

片寄正義著『今昔物語集論』,三省堂,1944

片寄正義著『今昔物語集の研究』,三省堂,1943

山岸德平著『今昔物語集概説：附　大鏡概説（つづき）』,岩波書店,1933

有川武彦,能勢教明著『校註抄本今昔物語集』,龍谷大學國文學會,1929

坂井衡平著『今昔物語集の新研究』,誠之堂書店,二松堂書店（大賣捌）,1925

早川純三郎編輯『今昔物語』再版,『丹鶴叢書』,國書刊行會販賣部,1922

芳賀矢一纂訂『攷證今昔物語集』,冨山房,1913—1921

水野忠央編『今昔物語』,『丹鶴叢書』,国書刊行会,1912

經濟雜誌社編『今昔物語』,『國史大系』經濟雜誌社,1901

源忠央輯『今昔物語集』,『丹鶴叢書』,丹鶴城・出雲寺文次郎（賣弘）・秋田屋太右衛門（賣弘）・岡田屋嘉七・中屋德兵衛（賣弘）,1850—1851

源隆國卿撰，井澤先生考訂纂註，『今昔物語：倭部』30 卷，小川彦九郎・茨城
　　多左衛門，1720—1733

丸山二郎著『今昔物語集の傳本に就いて』，私家製本，1952

《今昔物语集》研究论文

千本英史「『今昔物語集』と近代作家（二）：菊池寛『好色物語』，『新今昔物語』
　　の場」,『人間文化研究科年報』(35),131—148,2020

崔鵬偉「百鬼夜行説話にみる尊勝陀羅尼信仰-『今昔物語集』巻十四第四十二
　　話と藤原氏の伝承-」,『早稲田大学大学院文学研究科紀要』(65),1044—
　　1032,2020

田中宗博「動物説話試論：『古今著聞集』『今昔物語集』所載説話を対象に」,
　　『言語文化学研究』(15),69—87,2020

生井真理子行教と一切経：「『今昔物語集』巻十二第 10 話『大安寺塔中院縁
　　起』と絡めて」,『同志社国文学』(92),63—75,2020

山本真吾「『今昔物語集』の動詞「すがる」：欠字，仮名書自立語，漢字表記の
　　ゆれをめぐる」,『国語と国文学』97(3),3—19,2020

横田隆志藁しべ長者と大柑子：「『今昔物語集』巻十六第 28 話を読む(2)」,
　　『大阪大谷大学紀要』(54),1—17,2020

高橋貢「「源信僧都の母の話」（『今昔物語集』巻十五第三十九）再考」,『専修
　　国文』(106),1—15,2020

劉成竜「日中再生説話比較研究：『死生簿』と再生との関連性を中心とし
　　て」,『現代社会文化研究』(69),1—13,2019

崔鵬偉「『今昔物語集』にみる疫神、疫鬼：百鬼夜行説話を中心に」,『説話文
　　学研究』(54),195—206,2019

蔡嘉琪「『今昔物語集』震旦部巻十「二国互挑合戦語第三十一」論：南方熊楠

の書き込みを起点として」,『日本語日本文学』(48),67—85,2019

小峯和明・高陽「特別インタビュー『今昔物語集』から東アジアの文学圏へ：峯和明先生インタビュー」,『アジア文化』(36),11—25,2019

千本英史「『今昔物語集』と近代作家：今東光と杉浦明平の場合」,『人間文化研究科年報』(34),93—1071,2019

稲垣泰一「芥川龍之介の『今昔物語集』」,『説話』(13),76—83,2019

滋野雅民「『今昔物語集』の語彙(漢語)と出典との関連及び頻度(1)」,『説話』(13),11—24,2019

田口和夫「要略録中巻第一・三話と今昔巻六第三十一・三十二話：観智院本三宝感応要略録と今昔物語集(その2)」,『説話』(13),1—10,2019

嶋中佳輝「『今昔物語集』巻十九における「出家説話」の原理」,『同志社国文学』(90),13—25,2019

相田満相「書に見る声で定命を知る平安時代の観相譚：『今昔物語集』巻六第48の延命譚を敦煌文書と比較して分析する」,『東洋研究』(211),1—26,2019

千本英史「『今昔物語集』と近代作家(2)菊池寛『好色物語』『新今昔物語』の場合」,『人間文化研究科年報』(35),131—148,2019

大川孔明「『今昔物語集』本朝部の文体的位置づけ」,『国語学研究』(58),46—61,2019

嶋中佳輝「『今昔物語集』天狗説話の仏教性：巻二十第十一「竜王為天狗被取語」考」,『同志社国文学』(89),1—13,2018

嶋中佳輝「『今昔物語集』巻二十天狗説話は因果応報説話か」,『文化学年報』(67),321—346,2018

廣田收「『今昔物語集』「物語」考」,『文化学年報』(67),241—266,2018

嶋中佳輝「『今昔物語集』巻二十　天狗説話は因果応報説話か」,『文化学年報』(67),321—346,2018

崔鵬偉「『今昔物語集』巻二十七第五「冷泉院水精成人形被捕語」考：怪異の正體を中心に」,『東洋の思想と宗教』(35),105—124,2018

中川祐治「『今昔物語集』における極度、高度を示す程度副詞の諸相」,『言文』(65),1—16,2018

千本英史「『今昔物語集』と近代作家：今東光と杉浦明平の場合」,『人間文化研究科年報』(34),93—106,2018

馮超鴻「老狐と巨杉：『今昔物語集』巻二十七第三十七話形成考」,『早稲田大学大学院教育学研究科紀要　別冊』(26—1),25—37,2018

藤井俊博「古典語動詞「う(得)」の用法と文体：漢文訓読的用法と和漢混淆文」,『同志社日本語研究』(21),16—29,2017

三谷憲正「芥川龍之介「往生絵巻」論：〈死後に咲く華〉をめぐって」,『京都語文』(25),145—160,2017

片茂永「今昔物語集の道喩と蓮華化生」,『比較民俗学会報』38(2),15—19,2017

畑中智子「鬼大師の誕生：『今昔物語集』収録説話を端緒に」,『武蔵野大学日本文学研究所紀要』(5),14—34,2017

趙智英「『宇治拾遺物語』における寺物私用の罪業と銅湯の罰」,『日本語文學』78,277—296,2017

三宅和朗「異類のまなざし：『今昔物語集』を手がかりに(第50号記念号)」,『史聚』(50),141—151,20174

青木毅「『今昔物語集』における「グス(具)」「アヒグス(相具)」の意味・用法と文体的性格」,『徳島文理大学文学論叢』(34),1—17,2017

水原智行「『今昔物語集』にみられる阿闍世についての考察」,『龍谷教学』(52),24—40,2017

秋吉正博「日本古代の放鷹の技術と形象に関する覚書(その2)大和物語,江談抄,今昔物語集から」,『八洲学園大学紀要』(13),1—17,2017

葛綿正一「今昔物語集の構造と方法：日本霊異記との比較」,『沖縄国際大学日本語日本文学研究』21(2),1—28,2017

高橋貢「『今昔物語集』の多面的性格：興福寺成立説と比叡山関連話掲載との整合性を考える」,『専修国文』(100),53—71,2017

中川祐治「『今昔物語集』における極度、高度を示す程度副詞の諸相」,『言文』(65),1—16,2017

森公章「余五将軍平維茂の軌跡」,『大学院紀要』(文学(哲学))(54),328—307,2017

田中典彦「『今昔物語集』天竺部に関する一考察:「十方七歩」と「誕生偈」」,
　京都語文(24),110—133,2016

金偉、呉彦「『今昔物語集』巻六と巻七の構成について」,『文芸論叢』(87),
　88—78,2016

大川 のどか「『今昔物語集』における中流貴族の武勇譚」,『あいち国文』
　(10),1—16,2016

杉山和也「国文学研究史の再検討:『今昔物語集』〈再発見〉の問題を中心
　に」,『説話文学研究』(51),195—206,2016

荒木浩「『今昔物語集』の宋代序説(日本文学のなかの〈中国〉)—(日本文学
　と中国文学のあいだ)」,『アジア遊学』(197),16—3,2016

千葉恵里香「『今昔物語集』本朝仏法部の説話構成(下)法華経霊験譚を中心
　に」,『文芸論叢』(86),1—31,2016

佐藤浩平「念仏往生への道:『今昔物語集』巻十五の基礎研究(特集　古
　代)」,『解釈』62(3,4),31—40,2016

増子香音「『今昔物語集』本朝部における神:神仏の序列をめぐって」,『清泉
　語文』(5),56—65,2016

三田明弘「『冥報記』崔彦武説話と『滑州明福寺新修浮図記』『今昔物語集』」,
　『国文学研究』178,1—10,2016

有馬義貴「『今昔物語集』所収竹取説話の教材(学習材)としての可能性:『竹
　取物語』との比較の先にあるもの」,『奈良教育大学国文:研究と教育』
　(39),5—18,2016

張燕波「楊貴妃説話における人名欠文を通じて見る『今昔物語集』と史書と
　の関係」,『国文学研究ノート』(55),29—40,2016

粂汐里「『阿弥陀胸割』の成立背景:法会唱導との関わり」,『総研大文化科学
　研究』(12),17—35,2016

中川はづき「説話文学における蛇と狐譚の変遷:『古事記』から『今昔物語
　集』へ」,『國文學論叢』(61),1,2016

松本昂「大古代語の移動動詞と「起点」「経路」:——今昔物語集の「より」
　「を」——」,『日本語の研究』12(4),86—102,2016

野中哲照「『陸奥話記』形成の最終段階:その前景化と韜晦の方法をめぐっ

て」,『国学院大学紀要』54,125—147,2016

菅近晋平「〈稲生物怪〉譚の生成：原典、『今昔物語集』「三善清行宰相、家渡語第三十一」」,『論叢国語教育学』(12),24—37,2016

柏木寧子「『今昔物語集』天竺部を仏伝として読むために」,『山口大学哲学研究』23,41—68,2016

田中典彦「最終講義録 十方七歩と誕生偈：『今昔物語集』天竺部仏伝をめぐって」,『仏教大学仏教学会紀要』(21),31—55,2016

富岡宏太「文末助詞カナの上接語句と文体差：今昔物語集を資料として,文学」,『語学』(214),46—57,2015

松尾謙兒「『今昔物語集』天竺部説話の本文生成と訓点資料」,『名古屋大学国語国文学』(108),33—48,2015

千葉恵里香「『今昔物語集』本朝仏法部の説話構成（上）法華経霊験譚を中心に」,『文芸論叢』(85),1—25,2015

鈴木愛理「逸脱する文学教材：「嫉妬」篇・仁平政人・平井吾門・山田史生」,『弘前大学教育学部紀要』(114),2015

荒木浩「古典の中の〈世界〉/世界の中の〈古典〉：土佐日記・源氏物語・今昔物語集をめぐって」,『あいち国文』(9),1—7,2015

寺川眞知夫「『今昔物語集』巻第二十六「娑蕪生子語」（特集 東アジアの仏教説話）」,『東アジア比較文化研究』(14),47—61,2015

荒木浩「『今昔物語集』成立論の環境：仏陀耶舎と慧遠の邂逅をめぐって（中世文学と信仰）」,『国語と国文学』92(5),3—15,2015

郭木蘭「『今昔物語集』に見られる生活関係の漢語」,『日本語の研究』11(2),177—178,2015

近藤政行「「聞く」の推定用法：今昔物語集を中心に」,『國學院雜誌』116(4),39—52,2015

荒木浩「阿倍仲麻呂帰朝伝説のゆくえ：『新唐書』と『今昔物語集』そして『土佐日記』へ」,『日越交流における歴史、社会、文化の諸課題』,45—58,2015

神谷爲義「古典に見られる子ども観の考察：『今昔物語集』における児童虐待を通して」,『研究紀要』(6),5—30,2015

久村希望「『今昔物語集』に於ける地獄：天竺、震旦、本朝部を比較して」,『広

島女学院大学大学院言語文化論叢』(18),1—22,2015

川上知里「『今昔物語集』巻三十「本朝付雑事」論：仏教と恋との狭間」,『東京大学国文学論集』(10),17—34,2015

山本真吾「『今昔物語集』話末評語の漢語の性格について」,『国語国文』84(1),1—16,2015

愛宕邦康「『今昔物語集』巻十四「紀伊国道成寺僧写法花救蛇語第三」考」,東洋学研究(52),412—400,2015

渡瀬茂兵「(つはもの)になる：今昔物語集巻第二十九第七語を読む」,『近大姫路大学教育学部紀要』(8),174—169,2015

奥野久美子「芥川「俊寛」と『攷証今昔物語集』」,『芥川龍之介研究』(9),11—22,2015

荒木浩「『今昔物語集』巻十,付国史の構成：巻十第一話〜第三話　を中心に編纂動機と逸話配列：――紀貫之の亡児哀傷をめぐって――」,『日本文学』64(7),2—14,2015

藤井由紀子「「火車」を見る者たち：平安,鎌倉期往生説話の(死と救済)」,『清泉女子大学人文科学研究所紀要』(36),7—29,2015

野中哲照「『陸奥話記』の形成過程論のための前提：『扶桑略記』『今昔物語集』との関わりから」,『国際文化学部論集』15(3),356—323,2014

野中哲照「『陸奥話記』と『今昔物語集』前九年話の先後関係」,『鹿児島国際大学大学院学術論集』6,104—88,2014

藤井俊博「沙石集の「けり」のテクスト機能：枠づけ表現の多様化」,『人文学』(194),195—224,2014

増田忠信「『今昔物語集』と『将門記』に見える兵(つはもの)像について」,『人間文化研究』(1),97—125,2014

滋野雅民「『今昔物語集』の語彙と表記：『類聚名義抄』と『色葉字類抄』に関連して」,『説話』(12),133—145,2014

田口和夫「観智院本三宝感応要略録と今昔物語集：付　要略録上巻第一話の出典」,『説話』(12),1—10,2014

楊瓊「『今昔物語集』の接続詞の使用について：文体的な比較を中心に」,『同志社日本語研究』(17),15—28,2014

永田典子「犬頭糸説話に関する一考察：『今昔物語集』第二六巻第十一話を
　　中心に」,『人文学部研究論集』(32),98—88,2014

釋依昱「『今昔物語集』における僧侶に関する一考察」,「アジア文化研究」
　　(21),117—129,2014

李長波「『今昔物語集』の比較文体史的考察-訓点語「来タル」と翻訳話を中心
　　に-附録：平安時代、院政時代の訓点資料における「～來」の訓法」,『類型
　　学研究』(4),58—99,2014

川上知里「『今昔物語集』非仏法部の形成：巻十「震旦付国史」を中心に」,『国
　　語と国文学』91(4),38—55,2014

旅田孟化「導する増賀：『今昔物語集』巻一九第一八話試論」,『百舌鳥国文』
　　(25),17—29,2014

金子直樹「初発の感想からの読みの変容：今昔物語集の授業(1)「馬盗人」
　　(第 2 部　教科研究)」,『中等教育研究紀要』(54),2014

山本真吾「日本語史研究の示準文献をめぐる一考察：『今昔物語集』を例と
　　して」,『国文学踏査』(26),217—228,2014

蔦尾和宏「書評　荒木浩著『説話集の構想と意匠：今昔物語集の成立と前
　　後』」,『国語と国文学』91(3),75—79,2014

岡田文弘「鎮源『大日本国法華経験記』の異類功徳譚：第 106 話「伊賀国報恩
　　善男」を中心に」,インド哲学仏教学研究(21),105—117,2014

福澤真希「『今昔物語集』巻五の構成について」,『金城学院大学大学院文学
　　研究科論集』(20),1—27,2014

プレモセリ ジョルジョ「陰陽道神、泰山府君の生成」,『佛教大学大学院紀
　　要』(42),19—35,2014

石井とし子「異業種職人の集合体としての盗賊：今昔物語集巻二十九第十
　　七話について」,『立教大学日本文学』(111),194—204,2014

服藤早苗「説話にみる父母像の変容：『日本霊異記』から『今昔物語集』へ」,
　　『日本ジェンダー研究』(17),1—11,2014

髙陽「日本中世の孔子説話：『今昔物語集』を中心に(学会設立 10 周年記念
　　号)」,『知性と創造：日中学者の思考』(5),54—66,2014

多ヶ谷有子「表現としての時刻：江戸期まで」,『関東学院大学文学部紀要』

(131),75—102,2014

柏木寧子「『今昔物語集』天竺部にかかわる内容構成表」,『山口大学哲学研究』21,79—90,2014

岡崎和夫「「吉日」の語形、「最吉日」「最上吉日」の古例:『今昔物語集』および『大鏡』本文のよみなしにかかわる恣意の批正」,『日本語の研究』10(2),17—32,2014

田中牧郎・山元啓史「『今昔物語集』と『宇治拾遺物語』の同文説話における語の対応:語の文体的価値の記述」,『日本語の研究』10(1),16—31,2014

牛窓愛子「「紫大納言」試論:戦時下における坂口安吾の古典受容」,『同志社国文学』(79),92—103,2013

須永哲矢・堤智昭「『日本語歴史コーパス』のための書籍活字の電子化:小学館新全集『今昔物語集』を事例として」,『国立国語研究所論集』(6),163—181,2013

金偉、呉彦「『今昔物語集』の欠巻問題について:巻八と巻十八の考察を中心に」,『文芸論叢』(81),1—11,2013

藤井俊博「今昔物語集の「にけり」:テクスト機能の諸相」,『表現研究』(98),51—60,2013

竹村信治「書評　荒木浩著『説話集の構想と意匠:今昔物語集の成立と前後』」,『説話文学研究』(48),147—150,2013

根本敬子「「きのこ」の滑稽な(ヲコな)物語:今昔物語集　巻二十八　本朝付世俗より」,『東北民俗』47,93—96,2013

千本英史「『今昔物語集』の近世期における引用について:『御伝絵視聴記』と『十六夜日記残月抄』の場合」,『叙説』(40),162—174,2013

佐藤浩平「『今昔物語集』巻二十九の到達点:乱世を生きた人々(特集　古代)」,『解釈』,59(3—4),27—35,2019

福澤真希「『今昔物語集』巻三の構成について」,『金城日本語日本文化』(89),13—34,2013

村上あすみ「仏教説話にみる本朝の優位性:『今昔物語集』を中心に」,『国語の研究』(38),18—24,2013

廣田收「『今昔物語集』の表現と思想」,『駒木敏教授退職記念号』,同志社国

文学(78),40—52,2013

楊琴「日本における漢語「人間」の意味について：『性霊集』から『今昔物語集』まで」,『和漢比較文学』(50),44—60,2013

山下和弘「『今昔物語集』に見られるテアリとタリの対比：「テアリ対タリ」と「テアリケリ対タリケリ」」,『国語国文学研究』(48),37—51,2013

藤田 ひかり「陰陽道に見る「土の神」：『今昔物語集』巻二十四,十三」,『愛知大学国文学』(52),15—31,2013

寺崎保広「『日本霊異記』を読む：『今昔物語集』との比較覚書(その1)」,『奈良史学』(31),11—22,2013

小峯和明「「説草」からみる書物の宇宙」,『日本文学』62(4),2—9,2013

川上知里「『今昔物語集』恐怖表現の諸相と意義」,『中世文学』58(0),32—41,2013

日野資純「シタ(下)、モト(下)、シモ(下)の語義の区別：今昔物語集「下」字の訓再考」,『日本語の研究』9(2),46—50,2013

中川真弓「書評　荒木浩著『説話集の構想と意匠　今昔物語集の成立と前後』」,『語文』(99),38—39,2012

冨士池、優美田中牧郎「今昔物語集における返読文字について：形態素解析の前処理を通して」,『日本語の研究』8(4),102—103,2012

野田高広「アスペクト形式「ている」の成立について」,『東京大学言語学論集』(32),85—107,2012

川上知里「『今昔物語集』の求める事実性」,『説話文学研究』(47),165—175,2012

金偉、呉彦「『今昔物語集』における『冥報記』の位置」,『文芸論叢』(78),77—93,2012

山口周子「「雲馬王譚」の変容：Jataka から『今昔物語集』」,『仏教史学研究』54(2),1—27,2012

愛宕邦康「安珍、清姫の道成寺伝説の原話に関する一考察：新羅義湘、善妙伝説との関連性に着目して」,『大倉山論集』58,285—315,2012

松尾讓兒「『今昔物語集』と訓点資料：『冥報記』前田家本をめぐって」,『訓点語と訓点資料』128(1),69—84,2012

小林純子「『今昔物語集』における弥勒仏：巻十一第一話を中心に」,『文化学年報』61,493—519,2012

松尾譲兒「『三宝感応要略録』のテキスト読解をめぐって」,『名古屋大学人文科学研究』(41),1—8,2012

竹村信治「伝統的な言語文化 の摑み直し(上)『伊勢物語』初段,『今昔物語集』「馬盗人」などを例に」,『国語教育研究』(53),54—62,2012

藤井俊博「宇治拾遺物語の「けり」のテクスト機能：今昔物語集・古事談との比較」,『同志社国文学』(76),63—77,2012

小林純子「日韓弥勒説話の比較：『三国遺事』生義寺石弥勒出現縁起譚を中心に」,『同志社国文学』(76),11—24,2012

福澤真希「『今昔物語集』巻二の構成について」,『金城学院大学大学院文学研究科論集』(18),23—45,2012

村田菜穂子「今昔物語集の形容詞の体系性：中古資料との比較を交えつつ」,『国際研究論叢：大阪国際大学紀要』25(2),87—99,2012

肖平、楊金萍「『今昔物語集』に見られる「将」字構造について：「天竺部」「震旦部」の用例を中心に」,『対照言語学研究』(22),35—46,2012

佐藤まなみ「『今昔物語集』における「聖」「聖人」の呼称」,『立正大学国語国文』(51),65—73,2012

福井栄一「『今昔物語集』にみる芳香奇談」,『香料』(255),119—121,2012

山口康子「「日本語の文章表現」管見：『源氏物語』から『今昔物語集』へ」,『長崎純心比較文化学会会報』(6),3—12,2012

柏木寧子「『今昔物語集』天竺部における釈迦仏ならびに衆生の理解」(4),『山口大学哲学研究』19,105—128,2012

竹村信治「伝統的な言語文化 の摑み直し(下)『伊勢物語』初段,『今昔物語集』「馬盗人」などを例に」,『論叢国語教育学』(8),20—31,2012

細川明日香「『今昔物語集』本朝部における(鬼)」,『札幌国語研究』(17),103,2012

日野資純「源氏物語の「なりのぼる、なりあがる」：今昔物語集「成上ル」との関連」,『むらさき』48,70—74,2011

田島優「『今昔物語集』の宣命書きによる膠着的構造に対する表現制約」,

『日本文学ノート』(46),180—214,2011

藤井俊博「今昔物語集の「けり」のテクスト機能（続）終結機能を中心に」，『国語国文』80(10),1—21,2011

高陽「南方熊楠の比較説話をめぐる書き込み—『太平広記』・『夷堅志』と『今昔物語集』とのかかわりを中心に（南方熊楠とアジア）—（東アジア的「知」と学問）」，『アジア遊学』(144),69—77,2011

山下和弘「中世の資料に見られる「テ侍リ」と「テ候フ」」，『福岡女子短期女子大学紀要』(75),42—30,2011

永藤美緒「『今昔物語集』天竺部における仏の聖地：祇園精舎と霊鷲山」，『東アジア比較文化研究』(10),38—49,2011

山下正治「『今昔物語集』巻第十五の往生について」，『立正大学文学部論叢』(133),45—66,2011

稲垣泰一「『今昔物語集』注釈覚書—南都仏教圏との関連について」，『文教大学国文』(40),1—9,2011

佐藤浩平「『今昔物語集』巻二十六の編纂過程—「宿報」の理の破綻（特集古代）」，『解釈』57(3、4),18—26,2011

福澤真希「『今昔物語集』天竺部の阿羅漢」，『金城日本語日本文化』(87),35—47,2011

陳晨「『今昔物語集』震旦部の方法—后妃説話をめぐって」，『お茶の水女子大学比較日本学教育研究センター研究年報』(7),231—235,2011

石橋義秀「第三九回　光華講座　平安仏教から鎌倉仏教への展開—『今昔物語集』の仏教説話を通して」，『真宗文化』(20),18—44,2011

小林純子「『今昔物語集』巻十一第十五話「聖武天皇、始造元興寺語」考—「弥勒」と「童子」の関わりを中心に」，『同志社国文学』(74),1—15,2011

高倉瑞穂「成相観音霊験譚の一考察」，『佛教大学大学院紀要　文学研究科篇』(39),233—250,2011

村田菜穂子・前川武「改訂、増補古代語形容詞逆引き対照語彙表—上代—中世編（前編）」，『国際研究論叢』24(3),179—201,2011

川上知里「『今昔物語集』各話冒頭部の意義」，『国語と国文学』88(2),36—53,2011

河戸彩香「『今昔物語集』「紀伊国道成寺僧写法花救蛇語」について」,『言文』
　(59),40—51,2011

島村眞智子「中世の「児」―『今昔物語集』と世阿弥の伝書」,『知性と創造』
　(2),61—91,2011

山口眞琴「説話集に織り込まれたリテラシー:『今昔物語集』『宇治拾遺物
　語』について」,『日本文学』60(1),26—37,2011

柏木寧子「『今昔物語集』天竺部における釈迦仏理解の一側面:神通力をめ
　ぐって」,『日本仏教綜合研究』9,105—130,2011

安部清哉・石井久雄・鈴木泰・前田直子「『今昔物語集』の訓データベース
　作成と語彙の文体論的研究」,『学習院大学計算機センター年報』
　(32),2011

松村恒「『三宝感応要略録』の構成と後続文献のその利用」,『印度学佛教学
　研究』60(1),260—267,2011

前田麻実「『今昔物語集』の美女:容姿の描写を中心に」,『札幌国語研究』
　(16),30—30,2011

南波千春「『今昔物語集』の「飲」の訓釈「すする」「のむ」について」,『学習院
　大学国語国文学会誌』(54),126—109,2011

近藤要司「『今昔物語集』のヤウニについて」,『親和国文』(45),1—23,2010

小林純子「『今昔物語集』における「弥勒」と「天人」―巻十一第三十話を中心
　に」,『同志社国文学』(73),46—59,2010

齋藤平「「然」の訓をめぐる位相の交差―鈴鹿本今昔物語集の場合(特集国
　語学)」,『解釈』56(11—12),18—23,2010

高陽「『今昔物語集』と漢籍のかかわりについて」,『東アジア比較文化研究』
　(9),78—88,2010

星山健「『羅生門』小考―「下人の行方は、誰も知らない」と『今昔物語集』」,
　『日本文学ノート』(45),140—146,2010

吉海直人「教室の内外―『土佐日記』『枕草子』『篁物語』『今昔物語集』の解
　釈」,『同志社女子大学日本語日本文学』(22),77—95,2010

近藤政行「「疑フ」ということ―今昔物語集の用例から」,『国学院雑誌』111
　(4),30—39,2010

Khanna Anita「『今昔物語集』に於ける「天竺付仏前」に関する幾つかの考察」,『国際日本文学研究集会会議録』,2011

佐藤辰雄「今昔物語集の冥報記受容攷」,『歌子』(18),11—24,2010

星順子「道成寺説話における女性像—『今昔物語集』巻十四ノ三話「紀伊国道成寺僧写法花救蛇語」を中心として」,『弘前大学国語国文学』(31),34—46,2010

金偉・呉彦「丹塗の剥げた大きな円柱—芥川の「羅生門」と『今昔物語集』」,『文芸論叢』(74),1—15,2010

久留島元「『今昔物語集』巻二十第四話考—天狗と天皇に関して」,『説話、伝承学』(18),89—102,2010

渡邉美弥「『今昔物語集』における二重否定表現の形式と意味用法—『源氏物語』『興福寺本大慈恩寺三蔵法師傳古點』と比較して」,『広島女学院大学大学院言語文化論叢』(13),128—103,2010

佐藤浩平「『今昔物語集』の説話発生の現場—巻二十八における「若き殿上人」の活動」,『解釈』56(3、4),43—51,2010

福澤真希「『今昔物語集』巻一における撰者の構成意図」,『金城学院大学大学院文学研究科論集』(16),23—44,2010

森正人「今昔物語集の終結(特集〈終わり〉を読む—古典文学篇)」,『国文学：解釈と鑑賞』75(3),119—126,2010

村田菜穂子・前川武・山崎誠「今昔物語集の形容詞対照語彙表—本朝世俗部」,『国際研究論叢』23(2),153—163,2010

河戸彩香「『今昔物語集』「近衛舎人共稲荷詣重方値女語」について」,『言文』(58),46—57,2010

金偉「『今昔物語集』の地獄・冥界説話に関する考察」,『大谷大学大学院研究紀要』(27),105—138,2010

柏木寧子「『今昔物語集』天竺部における釈迦仏ならびに衆生の理解(3)」,『山口大学哲学研究』(17),1—17,2010

小峯和明「の射程：過去と未来をつなぐ(〈特集〉〈過去〉と〈未来〉を結ぶ中世)」,『日本文学』59(7),2—12,2010

禹穎「破砕語彙 コボル・コボツ・ヤブル(下二・四)・クダク(下二・四)の

語義と『今昔物語集』における「壊」の訓釈小考」,『学習院大学国語国文学会誌』(53),56—78,2010

野田高広「『今昔物語集』のアスペクト形式Ｖテイル、テアルについて」,『日本語の研究』6(1),1—15,2010

山本恭子「『今昔物語集』地蔵譚考—「小僧」への化現をめぐって—」,『愛知教育大学大学院国語研究』(17)21—35,2009

福澤真希「『今昔物語集』巻四における撰者の構成意図」,『金城学院大学大学院文学研究科論集』(15),25—52,2009

大山眞一「地蔵信仰についての一考察—『今昔物語集』「地蔵冥途救済譚」をめぐって」,『場所』(8),115—130,2009

佐藤浩平「『今昔物語集』の説話構成法—パッチワーク式手法について(特集　古代)」,『解釈』55(3—4),(647)54—62,2009

舩城梓「『今昔物語集』巻二十九と仏教：本朝世俗部の編纂意識をめぐって」,『日本語と日本文学』(47),14—26,2008

増田早苗「『今昔物語集』と虚空蔵菩薩信仰」,『思想史研究』(8),1—27,2008

三田明弘「霊験と怪異の間—『今昔物語集』と『法苑珠林』における張亮説話」,『国文学研究』(153—154),9—16,2008

福澤真希「『今昔物語集』の天竺説話における誓願—巻一—巻三について」,『金城学院大学大学院文学研究科論集』(14),41—60,2008

佐藤辰雄「今昔物語集の日本霊異記受容攷(下)」,『実践女子短期大学紀要』29,A1—A24,2007

蔦尾和宏「『陸奥話記』から『今昔物語集』へ—(初期軍記)受容試論」,『国語と国文学』84(12),22—35,2007

打聞集：『今昔物語集』との類縁関係顕著(特集：説話文学の魅力を探る：竹村信治その黎明期から盛行期まで)(大盛行期〈平安後期〉の説話集),『国文学解釈と鑑賞』72(8),94—103,2007

松尾樹里「『今昔物語集』における漢字表記の擬声語について」,『国文学攷』(194),15—29,2007

永藤美緒「狐女房の死—『今昔物語集』巻十四第五話をめぐって 東アジア比較」,『文化研究』(6),91—105,2007

塩見知之「チョーサーの説話と『今昔物語集』の比較研究」,『智山学報』(56),65—84,2007

小島孝之「怪異の語り方:『今昔物語集』巻二十七を中心に(枾尾武教授退職記念)」,『成城國文學論集』(31),93—112,2007

高陽「『今昔物語集』の夢説話をめぐって:「巻十五陸奥国小松寺僧玄海往生語第十九」を中心に」,『学芸国語国文学』(39),20—32,2007

森正人「今昔物語集の壺中蛇影譚(特集　虚構のリアリティ)」,『文学』8(1),120—132,2007

稲垣泰一「今昔物語集—盗賊の女頭目(特集＝古典文学の女人像)—(作中の女性たち)」,『国文学』71(12),73—81,2006

石井和夫「「杜子春」から「六の宮の姫君」へ:「罪と罰」と「今昔物語」の複合」,『香椎潟』(52)52,59—74,2006

田口和夫「今昔物語集巻二十九「或所女房以盗為業被見顕語第十六」の欠話について—古今著聞集巻十二偸盗第四三三話と同話であること」,『説話文学研究』(41),158—166,2006

森正人「天竺、震旦『今昔物語集』の三国仏教史観のなかで」,『国文学』71(5),87—94,2006

稲垣泰一「怪異譚の表現機構—『今昔物語集』を中心に」,『表現研究』(82),9—16,2005

鈴木佳織「『今昔物語集』研究:巻第二十八における「笑い」」,『日本文學』(101),53—65,2005

木村明子「『今昔物語集』『注好選』と金沢文庫本『楊威免虎害事』『張敷留扇事』孝子の文学史を考える」,『日本文学』54(2),1—12,2005

田口和夫,伊賀北斗「『鈴鹿本今昔物語集』巻29の研究(3)第16話—第25話」,『言語と文化』(18),144—133,2005

増尾伸一郎「〈天曹地府祭〉成立考—『今昔物語集』を起点として」,『文学』6(6),106—121,2005

小西律「作品に描かれた親子『今昔物語』を通して」,『近畿大学豊岡短期大学論集』1,15—22,2004

佐藤晋也「『今昔物語集』と〈兵〉」,『別府大学国語国文学』(46),52—59,2004

竹村信治「吉祥天像に魅せられた優婆塞：『日本霊異記』から『今昔物語集』への展開（特集：古代文学に描かれた性）（中古文学に描かれた性）」，『国文学解釈と鑑賞』69(12)，73—83，2004

舩城梓「『今昔物語集』本朝世俗部の仏教的背景：巻二十八をめぐって日本語と」，『日本文学』(39)，13—32，2004

原田信之「『今昔物語集』震旦部五時教判の意味」，『人文科学論叢』(2)，20—40，2004

佐藤辰雄「今昔物語集の日本霊異記受容攷（上）」，『実践女子短期大学紀要』(25)，1—16，2004

高須賀政洋「『今昔物語集』にみえる鬼の考察」，『年報日本思想史』3，62—65，2004

李銘敬「『今昔物語集』の説話配列方式と『三宝感応要略録』—『三宝感応要略録』受容の問題点」，『国語と国文学』81(2)，19—32，2004

蔦尾和宏「怪異説話の手法—『今昔物語集』巻二十七を巡って」，『国語と国文学』81(1)，30—45，2004

木村美菜「『今昔物語集』にみる境界」，『言語文化研究』(3)，137—148，2004

田中牧郎「今昔物語集に見る和漢の層別と意味関係—〈祈ル〉語彙の分析を通して」，『国語学研究』(43)，2—12，2004

渡瀬茂人「はいかにして人を殺すかの描写について—今昔物語集巻第二十三残存部冒頭の三説話その他」，『研究と資料』(50)，5—13，2003

李銘敬「『三宝感応要略録』における説話の採録法と引用書目を論じて『今昔物語集』に及ぶ」，『国語国文』72(11)，1—20，2003

日野資純「「廻（メグ）リ行（ユ）ク」「廻（メグ）リ行（アリ）ク」「廻（メグ）リ行（アル）ク」等：今昔物語集の異訓統一を考える」，『国語学』54(2)，91—94，2003

柏木寧子「菩薩と人との交わり：『今昔物語集』菩薩霊験譚の一読解」，『山口大学文学会誌』53，A43—A63，2003

村戸弥生「『今昔物語集』巻二八について—本朝王法部編纂過程考」，『金沢大学国語国文』(28)，7—18，2003

李礼安「女人と蛇との遭遇をめぐる説話—『日本霊異記』と『今昔物語集』に

おける蛇のとらえ方」,『国文学解釈と鑑賞』68（3）,243—249,2003

西尾和美・谷岡奈月「『今昔物語集』に見える動物と人間（開学10周年記年号）」,『松山東雲女子大学人文学部紀要』11,121—136,2003

西尾和美「ジェンダー化される性愛：『今昔物語集』の分析を中心に（開学10周年記念号〈特集〉ジェンダーを考える）」,『松山東雲女子大学人文学部紀要』11,11—24,2003

前田雅之「三国/本朝・公/私・今昔物語集：中古・中世における世界＝日本意識と公共性をめぐって」,『成城国文学』（19）,1—26,2003

中根千絵「『今昔物語集』（特集　21世紀の古典文学—古代散文研究の軌跡と展望）—（中古の軍記・説話文学の軌跡と展望）」,『国文学解釈と鑑賞』68（2）,147—154,2003

小田勝「古典文における使役文・受身文の格表示—『今昔物語集』を資料として-」,『岐阜聖徳学園大学紀要　外国語学部編』42,23—32,2003

近藤要司「『今昔物語集』の文末カの用法について」,『親和国文』37,1—19,2002

柴田昭二・連仲友「今昔物語集のおける希望表現のまとめ」,『香川大学教育学部研究報告第Ⅰ部』117,9—15,2002

竹村信治「『今昔物語集』の「東国」語り〈特集：古代・中世文学に見る東国〉」,『国文学解釈と鑑賞』67（11）,49—57,2002

吉野秋二「古代富貴譚考—『日本霊異記』の社会」,『『今昔物語集』の社会』,『続日本紀研究』（340）,22—35,2002

趙恩「「小男」をめぐって—『今昔物語集』巻29第7話を中心に」,『立教大学大学院日本文学論叢』（2）,53—61,2002

楊金萍「『今昔物語集』における再帰格名詞述語文：「天竺部」「震旦部」の用例を通して」,『国語学』53（3）,18—33,2002

柳町貴乃「悪所説話に関する一考察—『中外抄』『富家語』と『今昔物語集』巻二七の間」,『説話文学研究』（37）,81—90,2002

仲井克己「霊験譚の変容—『今昔物語集』本朝仏法部の可能性（『日本霊異記』の周辺）」,『説話文学研究』（37）,14—23,2002

佐藤辰雄「『今昔物語集』巻十五をめぐる二つの問題（下）」,『実践女子短期

大学紀要』(23),1—25,2002

村戸弥生「『今昔物語集』本朝王法部編纂課程考:附・巻二六から巻三一について」,『金沢大学国語国文』27,12—22,2002

滋野雅民「『今昔物語集』における「オヂオソル」について」,『山形大学紀要人文科學』15(1),1—18,2002

彦由三枝子「年六十許ナル女法師—『今昔物語』本朝仏教篇第十三巻第十二説話」,『政治経済史学』,(425)35—45,2002

永藤美緒鳥「説話としての天狗譚—『今昔物語集』を中心に」,『法政大学大学院紀要』(49),222—215,2002

谷光忠彦「今昔物語集の「べし」の表記について」,『明海日本語』(7),19—22,2002

中前正志「中世説話の祇園社:『今昔物語集』巻三十一第二十四話:「祇園成比叡山末寺語」を中心に」,『神道史研究』50(1),125—142,2002

佐藤晋也「『今昔物語集』の天狗譚」,『別府大学国語国文学』(43),79—85,2001

藤井俊博「今昔物語集の漢語サ変動詞—複合動詞の構成を通して」,『同志社大学留学生別科紀要』(1),17—29,2001

安東大隆「『今昔物語集』試論—武の系譜と智の系譜」,『別府大学国語国文学』(43),1—12,2001

柴田昭二、連仲友「今昔物語集の天竺・震旦部における希望表現について」,『香川大学教育学部研究報告第Ⅰ部』114,13—19,2001

蔦尾和宏「『今昔物語集』巻二十七の形成—怪異説話の構造」,『国語国文』70(10),17—33,2001

蔦尾和宏「藤氏と大臣—『今昔物語集』巻二十二小考」,『説話文学研究』(36),71—80,2001

小堀桂一郎「夫婦の絆:『曠野』と『蘆刈』・『今昔物語』巻第三十の第四・第五話から」,『明星大学研究紀要　日本文化学部・言語文化学科』(9),1—19,2001

佐藤辰雄「『今昔物語集』巻十五をめぐる二つの問題(上)」,『実践女子短大評論』(22),1—8,2001

荒木浩「『今昔物語集』本朝部の構想（承前）巻二十五「兵」譚の成立と「今」を
めぐって」,『文学』2(3),136—155,2001

荒木浩「『今昔物語集』本朝部の構想　—巻二十五「兵」護の成立と「今」をめ
ぐって」,『文学』2(2),45—69,2001

高岡幸一「『今昔物語集』における synchretisme の諸相」,『言語文化研究』
(27),399—413,2001

前田雅之「今昔物語集と信仰—法悦なき信仰をめぐって（特集　古典文学
と信仰）」,『国文学』65(10),56—66,2000

三田明弘「『今昔物語集』巻第十〈賢人・武人譚〉の主題と構成」,『古典遺産』
(50),31—40,2000

永藤美緒「『今昔物語集』における変身譚」,『日本文学誌要』62,29—37,2000

三田明弘「『今昔物語集』巻十震旦付国史の帝王話群と『貞観政要』」,『説話
文学研究』(35),119—128,2000

土井廣子「嘲笑の行方：『今昔物語集』巻第二八をめぐって」,『東洋女子短期
大学紀要』32,A11—A23,2000

渡辺麻里子「『今昔物語集』巻 26「宿報」試論—拡大する〈世俗〉部への視座」,
『国文学研究』(130),79—89,2000

三田明弘「「今昔物語集」震旦部冒頭話群の遡及」,『国文学研究』(130),69—
78,2000

下西善三郎「説話という典拠と『今昔物語鑑賞』—芥川龍之介における〈古
典典拠〉の意味」,『説話』(10),117—130,2000

安倍素子「説話の中の女性たち—今昔物語集・古事記・伊勢物語などか
ら」,『尚綗公開講座講義録　2000 年度』,22—28,2000

橋本章彦「『今昔物語集』の毘沙門天信仰—本朝仏法部を中心にして」,『河
南論集』(5),148—165,1999

蔦尾和宏「『今昔物語集』の「兵」説話をめぐって—巻二十五構成論の試み」,
『国語と国文学』76(10),15—26,1999

趙尚顕「『今昔物語集』巻第三十と『大和物語』付—巻第三十第六」,『継子譚
と『長谷寺霊験記』,帝京国文学(6),321—347,1999

川上徳明「『今昔物語集』における命令、勧誘表現の種々相、比較文化論叢」,

『札幌大学文化学部紀要』3,85—138,1999

中根千絵「『今昔物語集』の沈黙—加持祈祷をする人々」,『国語国文』68(2),
　　(774)36—47,1999

宮田尚「『日本霊異記』から『今昔物語集』へ：標題覚え書き」,『日本文学研
　　究』(34),33—39,1999

斎藤嘉子「『今昔物語集』における釈尊像：その親子関係をてがかりに」,『新
　　潟大学国語国文学会誌』(41),1—13,1999

川上徳明「『今昔物語集』における命令・勧誘表現の種々相」,『比較文化論
　　叢：札幌大学文化学部紀要』(3),85—138,1999

宮田尚「『日本霊異記』から『今昔物語集』へ：標題覚え書き」,『日本文学研
　　究』(34),33—39,1999

仲井克己「思惑を誘う説話集—世俗部から見た『今昔物語集』の可能性」,
　　『中世文学』(44),38—46,1999

高岡幸一「『今昔物語集』本朝篇仏法部巻12における法華経霊験譚再考」,
　　『言語文化研究』(25),313—330,1999

池見澄隆「悪死譚考—『日本霊異記』から『今昔物語集』へ(仏教における善
　　と悪)」,『日本仏教学会年報』(65),119—134,1999

渡瀬茂「『今昔物語集』の枠構造における「けり」の古代的特質とその変容」,
　　『富士フェニックス論叢特別号』,215—247,1999

平林盛得「鈴鹿本今昔物語集の紙捻りの実年代について」,『汲古』(33),
　　12—16,1998

山口康子「『今昔物語集』の「即」：主として文体印象とのかかわりについ
　　て」,『長崎大学教育学部人文科学研究報告』(56),31a—17a,1999

土井廣子「鬼の位相：『今昔物語集』の「悪」を考えるための序章」,『東洋女子
　　短期大学紀要』30,A1—A11,1999

長谷川隆「『日本霊異記』と『今昔物語集』における母性の表現(概要)」,『高
　　松工業高等専門学校研究紀要』33,111—117,1999

前田雅之「『今昔物語集』に見る御霊信仰と神仏習合—存在しないはずの御
　　霊の存在をめぐって(特集＝古代に見る御霊と神仏習合)—(古典文学に
　　見る御霊と神仏習合)」,『国文学解釈と鑑賞』63(3),55—63,1998

宮田尚「今昔物語集の（宇治拾遺離れ）：標題を視座として」,『日本文学研究』33,49—59,1998

高橋貢「『今昔物語集』巻31考」,『専修国文』(62),1—16,1998

酒井憲二「国宝鈴鹿本今昔物語集の書写状況」,『国語国文』67(1),20—34,1998

藤井俊博「今昔物語集の生存表現：「命ヲ存ス」と「命ヲ生ク」」,『同志社国文学』47,1—14,1998

高岡幸一「『今昔物語集』天竺篇の登場人物について」,『言語文化研究』(24),263—274,1998

田中牧郎「今昔物語集の情意述文と文体」,『国語学』194,1—14,1998

柳垣陽子「狐譚の研究―『今昔物語集』を中心に」,『愛媛国文研究』(47),1—13,1997

山口康子「『宇治拾遺物語』の引用構造『今昔物語集』『古本説話集』との比較を通して」,『活水日文』35,225—240,1997

中川聡毘「沙門天と山の神―『今昔物語集』『古本説話集』『宇治拾遺物語』」,『二松学舎大学人文論叢』(59),32—50,1997

児玉正幸「〈資料〉増賀聖人の奇言奇行に隠された宗教思想的理由：『今昔物語集』巻第十九第十八の考察」,『学術研究紀要』18,53—57,1997

永藤美緒「『今昔物語集』に見る翁」,『日本文学誌要』56,60—68,1997

中根千絵「『今昔物語集』における身の不浄と心の不浄」,『説話文学研究』(32),26—37,1997

大竹みどり「『今昔物語集』における「鬼」」,『米沢国語国文』26,18—31,1997

国末泰平「芥川龍之介の古典：芭蕉と『今昔物語』」,『園田国文』18,77—85,1997

森正人「編纂、説話、表現：今昔物語集の言語行為再説」,『国語国文学研究』32,63—75,1997

宮田尚「『今昔物語集』の読み替え（下）：三宝感応要略録との関連において」,『日本文学研究』32,53—60,1997

中根千絵「『今昔物語集』の法華経霊験譚（特集「法華経」と平安朝文芸）―（説話と『法華経』）」,『国文学解釈と鑑賞』61(12),133—138,1996

中村文子「『今昔物語集』の髑髏報恩譚：巻第十九髑髏，報高麗僧道登恩語第三十一について」，『国語と教育』21，56—60，1996

前田雅之「今昔物語集に見る異国・異人—三国外部の異国・異人形象をめぐって（特集＝日本人の見た異国・異国人—古代から幕末まで）—（古代の異国・異国人論）」，『国文学解釈と鑑賞』61(10)，18—26，1996

藤井俊博「今昔物語集の出典と用字法—「奇異」「微妙」をめぐって」，『国語国文』65(10)，33—49，1996

東中川かほる「今昔物語集巻 28 にみる笑い」，『笑い学研究』(3)，34—38，1996

山下真理「『今昔物語集』にみえる子どもの社会化と性差」，『社会科学研究』(31)，40—49，1996

三田明弘「『今昔物語集』巻第九における『冥報記』の受容について—『今昔物語集』巻第九の構想」，『中世文学』(41)，40—49，1996

石橋義秀「『今昔物語集』における往生人の種々相」，『大谷学報』76(1)，1—16，1996

中根千絵「『今昔物語集』に出現する「経験的世界」—「人界」に対する認識」，『伝承文学研究』(45)，95—105，1996

廣田徹「『今昔物語集』本朝部にみる「思量」考（高橋伸幸教授追悼号）」，『札幌大学女子短期大学部紀要』27，A23—A33，1996

清田善樹「『今昔物語集』における「清気」小考：中世法制史研究のための基礎作業として」，『聖徳学園岐阜教育大学紀要』31，153—163，1996

岩崎武夫「『今昔物語集』悪行譚にみる劇的なもの（特集　中世芸能史との対話）」，『歴史評論』(550)，27—37，1996

Easter Paul「『私聚百因縁集』巻三第二「大王酔象事　付善悪品依結縁事」の依拠資料をめぐって：『注好選』と『今昔物語集』との比較検討」，『人文論究』45(4)，41—51，1996

滋野雅民「「つ」「ぬ」の承接からみた『今昔物語集』の「来」の訓じ方」，『山形大學紀要　人文科學』13(3)，1—31，1996

磯部佳宏「『今昔物語集』の要判定疑問表現（下）：天竺部・震旦部・本朝仏法部の場合」，『日本文学研究』31，183—197，1996

宮田尚「『今昔物語集』の読み替え（上）：三宝感応要略録との関連において」,『日本文学研究』31,51—58,1996

藤井俊博「今昔物語集の否定表現：本朝法華験記への増補をめぐって」,『同志社国文学』(42),294—304,1995

小峯和明「異界、悪鬼との交差—『今昔物語集』を中心に」,『国文学　解釈と教材の研究』40(12),42—49,1995

田中貴子「都市の光と闇—『今昔物語集』を中心に」,『国文学解釈と教材の研究』40(12),35—41,1995

中根千絵「『今昔物語集』における「経験世界」の出現—「走ル」行為をめぐって」,『日本文学』44(9),19—29,1995

山口康子「『今昔物語集』の引用構造—引用類型の提示のために」,『長崎大学教育学部人文科学研究報告』(50),1—16,1995

小田寛貴、中村俊夫、古川路明「『今昔物語集』「鈴鹿本」の加速器質量分析法による〈14〉℃年代測定」,『名古屋大学加速器質量分析計業績報告書』6,99—117,1995

川島優子「『今昔物語集』怪異譚研究：巻二十七を中心に」,『国文白百合』26,27—35,1995

田中牧郎「今昔物語集のオソロシとオソルについて‐2‐感情表現における形容詞と動詞」,『学苑』(662),55—68,1995

磯部佳宏「『今昔物語集』の要判定疑問表現（上）：本朝世俗部の場合」,『日本文学研究』30,245—255,1995

好村友江「地蔵説話の〈蘇生譚〉が意図するもの：『今昔物語集』巻十七を中心として」,『日本文学研究』30,89—100,1995

宮田尚「現報譚から蘇生譚へ：今昔物語集における読み替え」,『日本文学研究』30,77—87,1995

吉岡賢一「『今昔物語集』の構造・その生成と破綻」,『国文学』(72),45—68,1994

上田設夫「今昔物語集〈天竺説話〉の表現について」,『鳥取大学教養部紀要』28,27—43,1995

勅使河原鈴太郎「『今昔物語集』巻第25「源頼信朝臣責平忠恒語」から見る武

士説話の捉えられ方」,『二松学舎大学人文論叢』(53),64—86,1994

山口仲美「今昔物語集—美女の敬語(古典の敬語を考える—解釈へ〈特集〉)—(敬語の運用に注目して古典を解釈する)」,『国文学解釈と教材の研究』39(10),62—67,1994

吉岡千里「鈴鹿本今昔物語集の修補に関わって」,『静脩』31(2),5—6,1994

茂木秀淳「『転生説話』の一考察:『日本霊異記』と『今昔物語集』の比較を中心にして」,『信州大学教育学部紀要』82,93—104,1994

岩松博史「『古老』小考:『今昔物語集』巻四第九話を中心に」,『語文研究』77,11—20,1994

山口康子「『今昔物語集』本朝世俗部の引用構造」,『長崎大学教育学部人文科学研究報告』(49),1—19,1994

前田雅之「今昔物語集の普遍性と個別性—基礎論的考察と巻30,31付雑事(今昔物語集〈特集〉)」,『説話文学研究』(29),89—103,1994

荒木浩「仏法初伝と太子伝—今昔物語集本朝部の構想をめぐって(今昔物語集〈特集〉)」,『説話文学研究』(29),63—78,1994

滝川裕治「今昔説話にみる「兵」像—「武士のおこり」教材化のために」,『史流』(34)1—23,1994

吉岡千里・隅田雅夫「『鈴鹿本今昔物語集』の受入について」,『大学図書館研究』(43),54—60,1994

高橋敬一「今昔物語集における「—居ル」「—テ居ル」について」,『日本文学科編活水論文集』37,1—14,1994

高橋敬一「今昔物語集における漢語サ変動詞研究試論　巻十五の出典との関連を通して　上野日出刀先生退任記念号」,『活水日文』28,49—60,1994

竹村信治「『今昔物語集』と編纂(今昔物語集〈特集〉)」,『説話文学研究』(29),79—88,1994

沼義昭身「顕現の観音説話をめぐって—『今昔物語集』の若干の例について」,『講演・文学・語学』(138),12—21,1993

児玉正幸「『今昔物語集』に見える「兵ノ心バヘ」(2):源氏の棟梁源頼義の場合」,『学術研究紀要』10,73—77,1993

児玉正幸「「今昔物語集」に見える「兵(ツハモノ)ノ心バヘ」-1-源頼信の場

合」,『密教文化』(183),66—83,1993

Easter Paul H.「今昔物語集天竺篇の仏伝に於ける女性表現の限界と釈迦の神聖化」,『日本文藝研究』45(2),23—35,1993

青木毅「『今昔物語集』における動詞句「老ニ臨ム」の性格について:『法華験記』との関わりを中心に」,『鎌倉時代語研究』16,239—259,1993

山口康子「「光」の表現:『今昔物語集』の場合(〈特集〉鶴久教授退官記念)」,『香椎潟』38,131—144,1993

山口康子「『今昔物語集』本朝仏法部の引用構造」,『長崎大学教育学部人文科学研究報告』(46),3—16,1993

成田樹計「『今昔物語集』巻十七　における地蔵像造像の功徳」,『大正大学大学院研究論集』17,193—203,1993

宮田尚「『今昔物語集』巻七第一話の錯誤から:標題・本文・評語」,『日本文学研究』29,63—72,1993

不破英紀「『今昔物語集』に見る国司と地方仏教」,『宝塚造形芸術大学紀要』7,41—51,1993

藤井俊博「今昔物語集の文体と法華験記:「更ニ無シ」をめぐって」,『国語学』173,1—14,76,1993

木村紀子「今昔物語集の用字意識」,『奈良大学紀要』(20),65—76,1992

津田和義「『今昔物語集』巻二十八第二十二話の考察」,『駒澤國文』29,99—106,1992

佐藤幸男「『今昔物語集』における和歌の機能—都と地方との秩序をめぐって」,『説話文学研究』(27),44—56,1992

金正凡「『今昔物語集』に見る朝鮮関係説話小考」,『国文学解釈と鑑賞』57(5),168—175,1992

内田洋「研究資料としての『今昔物語出典攷』」,『国学院雑誌』93(5),24—38,1992

原栄一「副詞の和文的呼応について—『冥報記』と『今昔物語集』との対比から」,『訓点語と訓点資料』(88),166—175,1992

津田和義「『今昔物語集』巻二十八第二十二話の考察」,『駒澤国文』29,99—106,1992

林恒徳「『今昔物語集』巻16「丹後国成合観音霊験語第4」をめぐって―〈殺生
　　放生説話〉の展開と関わって」,『山口大学教育学部研究論叢』(41),19―
　　26,1991

石谷春樹「芥川竜之介「偸盗」論―「今昔物語集」との関わりを通して」,『皇
　　学館論叢』24(6),19―47,1991

安田章「鈴鹿本今昔物語集をめぐって」,『静脩』28(3),1―3,1991

磯部佳宏「『今昔物語集』の要説明疑問表現:「疑問詞-ニカ。」形式を中心
　　に」,『日本文学研究』27,209―219,1991

宮田尚「『今昔物語集』震旦部研究略史(その二)」,『日本文学研究』27,63―
　　72,1991

堀淳一新「宮城本『今昔物語集』に施されたある異本注記―伴信友手沢本・
　　鈴鹿本に遡って」,『説話文学研究』(26),22―32,1991

佐藤辰雄「『今昔物語集』本朝部の構想と相剋」,『説話文学研究』(26),13―
　　21,1991

原田信之「『今昔物語集』震旦部巻9の編纂意図―同文的同話をてがかりと
　　して」,『立命館文學』(520),98―121,1991

山口康子「『今昔物語集』巻15の直接話法引用形式―往生伝とのかかわりに
　　おいて」,『長崎大学教育学部人文科学研究報告』(42),1―15,1991

田口和夫「「俊頼髄脳」呉松孝説話と源経信―『今昔物語集』典拠論のため
　　に」,『説話』(9),73―79,1991

三好修一郎「硯破説話通観―『今昔物語集』から番外謡本「硯破」まで」,『国
　　語国文学』(30),39―48,1991

佐原作美「悪行譚の構造:『今昔』巻二九について」,『駒沢短大国文』21,1―
　　20,1991

内田洋「今昔物語集研究の現段階―基礎的諸問題の確認(日本文学研究の
　　現在〈特集〉)」,『国学院雑誌』92(1),274―287,1991

宮田尚「『今昔物語集』震旦部研究略史(その一)」,『日本文学研究』26,51―
　　58,1990

原田信之「『今昔物語集』震旦部の孝養譚―巻9の編纂意図をめぐって」,『立
　　命館文學』(515),33―47,1990

前田雅之「今昔物語集震旦部巻10の内的世界—「付国史」のもつ意味をめぐって」,『国文学研究』(100),47—57,1990

倉本一宏「『今昔物語集』所収平将門説話と「将門記」との関係について」,『関東学院大学文学部紀要』(60),231—300,1990

高橋貢「『今昔物語集』の説話世界—三国各部の冒頭話が暗示するもの(読む)」,『日本文学』38(12),72—76,1989

岩崎武夫「『今昔物語集』における鬼の一考察(読む)」,『日本文学』38(6),72—76,1989

上田設夫「今昔物語集(天竺説話)のシルクロードの旅—その翻訳の論」,『文学・語学』(121),80—90,1989

高橋敬一「『今昔』(流布本)における「ケル終止文」について」,『日本文学科編活水論文集』32,61—77,1989

佐原作美「今昔物語集における霊鬼譚の構造: 巻二十七を中心に」,『駒沢短大国文』19,1—21,1989

上作和「今昔「竹取」説話は古態を有するか—『竹取物語』の表現構造」,『日本文学研究』(28),137—146,1989

武田友宏「「希有」の文学—『今昔物語集』の説話理念」,『国学院雑誌』90(2),47—58,1989

安藤重和「『竹取物語』の祖型をめぐる試論:『今昔物語集』所載竹取説話を通して」,『古代文化』41(5),47—54,1989

佐々木孝二「『今昔物語集』の富貴譚」,『文経論叢　人文学科篇』9,43—62,1989

宮田尚「『今昔物語集』の合戦譚」,『国文学解釈と鑑賞』53(13),41—45,1988

佐藤哲「今昔物語集における「兵ノ家」の位置—巻25の構成意識を中心として」,『語文』(72),25—37,1988

宮田尚「『今昔物語集』の三韓」,『日本文学研究』24,73—83,1988

梅谷繁樹「奈良大和文華館蔵鈴鹿文庫『今昔物語』について: 所謂鈴鹿本『今昔物語集』の副本を中心に」,『園田語文』3,17—31,1988

上田設夫「『今昔物語集』震旦説話の日本的要素の考察—王昭君説話を中心に」,『説話文学研究』(23),17—28,1988

原田信之「『今昔物語集』天竺部の構成：同文的同話をてがかりとして」,『論究日本文學』51,20—31,1988

原田信之「『今昔物語集』天竺部攷—前生譚、本生譚を中心として」,『立命館文学』,(505),77—115,1988

小林保治「『今昔物語集』の方法—巻25第1話の場合」,『早稲田大学大学院文学研究科紀要』(34),17—27,1988

宮田尚「組織へのこだわり：『今昔物語集』標題考」,『日本文学研究』23,99—108,1988

石原昭平「説話と物語—今昔物語集の物語文学摂取とその変貌」,『帝京大学文学部紀要　国語国文学』(19),117—134,1987

前田雅之「今昔物語集天竺部巻5の構成—排列意識と連想意識」,『国文学研究』(92),41—50,1987

小峯和明「今昔物語集の表題と物語」,『国文学研究』(92),30—40,1987

青木敦「仏教説話の地域性についての考察：『今昔物語集』本朝仏法部の古寺検索」,『跡見学園短期大学紀要』23,1—57,1987

佐原作美「今昔物語集と太子信仰説話：特に巻十一第二十一話について」,『駒沢短期大学研究紀要』15,1—22,1987

宮田尚「今昔物語集巻一の標題について」,『日本文学研究』22,73—82,1987

東辻保和「今昔物語集の表現と原拠」,『鎌倉時代語研究』9,5—28,1987

高橋敬一「『今昔物語集』天竺部の文体形成：『注好選』との副詞の比較を通して」,『国語国文学研究』21,362—376,1987

佐原作美「太子説話の受容と今昔物語集：巻十一第一話について」,『駒澤國文』23,139—149,1987

山口康子「今昔物語集震旦部の引用構造—夢語り・冥途語りを中心に」,『長崎大学教育学部人文科学研究報告』(35),1—12,1986

宮田尚「『今昔物語集』巻十の構造：王名未詳譚を視座として」,『日本文学研究』21,77—84,1986

高橋敬一「『今昔物語集』の本文研究(2)：異本との関係をめぐって」,『福岡女子短期女子大学紀要』29,119a—111a,1986

吉海直人「『今昔物語集』の乳母達」,『国学院雑誌』86(2),15—26,1985

野口武司「『日本国現報善悪霊異記』『今昔物語集』両書の比較研究：標題・結尾両部分の関係」,『信州豊南女子短期大学紀要』3,211—313,1985

宮田尚「今昔物語集の編集過程：目録標題と本文標題とのあいだ」,『日本文学研究』20,49—59,1985

森正人「今昔物語集は誰によってなぜ書かれたのか（王朝の謎〈特集〉）」,『国文学　解釈と教材の研究』29(14),123—129,1984

佐藤静子「元亨釈書と今昔物語集：釈書巻第十九の僧伝を中心として」,『日本文学』64,16—26,1984

高橋敬一「『今昔物語集』の本文研究(1)：現存『今昔物語集』諸本との関係をめぐって」,『福岡女子短大紀要』27,92a—85a,1984

前田雅之「今昔物語集本朝仏法伝来史の歴史叙述—三国意識と自国意識」,『国文学研究』(82),34—44,1984

森正人「天狗と仏法—今昔物語集の統一的把握をめざして」,『愛知県立大学文学部論集　国文学科編』(34),1—13,1984

野口武司「『今昔物語集』の研究：『日本往生極楽記』『大日本法華験記』両書との関係を中心として」,『信州豊南女子短期大学紀要』2,209—336,1984

本田義憲「『今昔物語集』における原資料処置の特殊例若干〈附　出典存疑〉」,『研究年報』28,114,1984

米谷悦子「『今昔物語集』巻十四の法華経霊験譚についての一考察」,『日本文学研究』19,73—82,1984

宮田尚「今昔物語集と注好選・再考」,『日本文学研究』19,63—71,1984

伊原昭「『今昔物語集』の一面：「紺」をとおして」,『日本文学研究』19,51—62,1984

小林一臣「『今昔物語集』巻第二十六第十九説話考」,『帝京大学文学部紀要　国語国文学』(15),193—207,1983

上岡勇司「『今昔物語集』の和歌説話の考察」,『国学院雑誌』84(6),20—39,1983

今野達「衆経要集金蔵論と今昔物語集」,『国語国文』52(4),1—15,1983

稲垣泰一「『今昔物語集』の〈鬼〉の様相」,『金城国文』(59),1—16,1983

今成元昭「源信の母—今昔物語集（仏教—詩的宇宙として）」,『国文学　解

釈と教材の研究』28(4),108—109,1983

佐原作美「地蔵信仰説話の構造：今昔物語集の場合」,『駒沢短大国文』13,
　　15—34,1983

小峯和明「今昔物語集本朝仏法部の形成と構造」,『徳島大学教養部紀要
　　人文社会科学』18,1—42,1983

今野達「東寺観智院本『注好選』管見—今昔研究の視角から」,『国語国文』52
　　(2),1—29,1983

田中徳定「雲林院の菩提講と無縁聖人：今昔物語集巻十五の出典未詳話を
　　めぐって」,『駒澤國文』20,129—139,1983

藤本徳明「髑髏誦経説話の現代文学への投影：『霊異記』『今昔』と古井由
　　吉・中上健次・半村良」,『文芸と思想』47,19—41,1983

山口康子「今昔物語集天竺部の引用構造」,『長崎大学教育学部人文科学研
　　究報告』(32),14—29,1983

小林一臣「今昔物語巻第十四第三説話の背景」,『帝京大学文学部紀要　国
　　語国文学』(14),163—186,1982

小峯和明「今昔物語集の語りと時間認識」,『国文学研究』(78),156—
　　166,1982

出雲路修「作者未詳今昔物語集の(大蛇と化した寡婦)—追う女」,『国文学
　　解釈と教材の研究』27(13),80—81,1982

高橋敬一「今昔物語集における避板法・変字法」,『福岡女子短期女子大学
　　紀要』23,78a—71a,1983

小峯和明「今昔物語集の表現構造—光と闇」,『日本文学』31(4),1—15,1982

上岡勇司「道信和歌説話の形成：『今昔物語集』巻二四38を中心に」,『語学
　　文学』20,1—12,1982

水越孝三「今昔物語集本朝部後半の編集に関して」,『青山語文』12,31—
　　39,1982

小峯和明「今昔物語集震旦部の形成と構造」,『徳島大学教養部紀要　人文
　　社会科学』17,1—46,1982

小川五朗「大唐西域記と今昔物語」,『東洋文化』6,18—33,1982

藤本徳明「『今昔物語集』巻三十と近代文学」,『文芸と思想』46,1—16,1982

佐々木みよ子「庶民話芸におけるグロテスク-３-『今昔物語集』の笑話と落語森岡 ハインツ」,『津田塾大学紀要』14(1),1982

出雲路修「『今昔物語集』編纂考」,『国語国文』50(10),4362,1981

小峯和明「今昔物語集における語りの構造(古代文学における〈語り〉の構造〈特集〉)」,『日本文学』30(5),43—53,1981

小峯和明「説話文学における性表現—今昔物語集を中心に」『国文学解釈と鑑賞』46(4),62—64,1981

槇佐知子「医心方と今昔物語・竜を見た男—凍死・溺死・風雨に遇って仮死した場合には」,『心』34(2),54—57,1981

森正人「説話形成と天竺・震旦仏法史—今昔物語集の統一的把握をめざして」,『愛知県立大学説林』(29),1—10,1981

竹村信治「天竺部所収説話から見た今昔物語集：今昔的なるものの再検討」,『国文学攷』(88),24—35,1981

竹村信治「今昔物語集巻五「国王狩鹿入山娘被取師子語第二」考」,『国語教育研究』(26 上),96—108,1981

宮田尚「『今昔物語集』天竺部の方法：震旦部との同一性について」,『日本文学研究』16,79—90,1981

槇佐知子「医心方と今昔物語-18-王位と口臭—かぐわしい口臭にする秘方」,『心』34(6),58—63,1981

藤本徳明「生侍の妻(今昔物語集第 27 の 25)(〈愛〉の古典文学-男と女〈特集〉)」,『国文学 解釈と教材の研究』26(5),122—123,1981

槇佐知子「医心方と今昔物語-17-色白の美人になる方法—色黒色白の原因と対策」,『心』34(3),66—69,1981

小林一臣「今昔物語集の霊怪譚」,『帝京大学文学部紀要 国語国文学』(12),215—246,1980

小峯和明「今昔物語集の語り—その構築性」,『日本文学』29(7),78—91,1980

槇佐知子「医心方と今昔物語-10-ミルクと鐘乳石 その効能と薬害について」,『心』33(6),64—69,1980

藤本徳明「近代作家と『今昔物語集』：芥川の取材作品を中心に」,『学報』24,A11—A23,1980

鷲見定信「持経者譚の構造：今昔物語集を通して」,『大正大学大学院研究論集』4,163—175,1980

宮田尚「震旦は秦にはじまる：『今昔物語集』巻十第一話にみる歴史認識」,『日本文学研究』17,61—71,1980

槙佐知子「医心方と今昔物語-15-きのこをめぐる話」,『心』33(12),62—67,1980

宮田尚「『今昔物語集』天竺部の方法：震旦部との同一性について」,『日本文学研究』16,79—90,1980

槙佐知子「医心方と今昔物語-14-月の兎の物語―猿と狐と兎が翁を養った食べ物を当時の食養生から見ると」,『心』33(10),66—72,1980

槙佐知子「医心方と今昔物語-13-不死の薬―問い直されるガン治療薬」,『心』33(9),66—72,1980

小峯和明「今昔物語集の語り―その構築性」,『日本文学』29(7),78—91,1980

藤本徳明「近代作家と『今昔物語集』続考：芥川の取材作品を中心に」,『説話・物語論集』8,34—45,1980

槙佐知子「医心方と今昔物語、こらしめられた役人の話」,『心』33(3),71—75,1980

鷲見定信「持経者譚の構造：今昔物語集を通して」,『大正大学大学院研究論集』4,163—175,1980

槙佐知子「医心方と今昔物語-7-鑑真の眼病と治療法」,『心』33(2),107—113,1980

梅谷繁樹「舎人説話についての一考察―『今昔物語集』出典未詳説話への一視点」,『四天王寺女子大学紀要』(13),1—16,1980

槙佐知子「医心方と今昔物語-6-蓮の効用について」,『心』32(12),113—117,1979

小林一臣「今昔物語集の異類婚姻譚」,『帝京大学文学部紀要　国語国文学』(11),191—212,1979

竹村信治「今昔物語集天竺部における説話定着の一方法：類型的説話の検討」,『国文学攷』(83),12—24,1979

竹村信治「今昔物語集天竺部における説話定着の一方法：大唐西域記と今

昔物語集の関係」,『古代中世国文学』(2),11—24,1979

槙佐知子「医心方と今昔物語-2-寸白(すばく)考—1千年前の寄生虫退治」,『心』32(7),103—108,1979

小峯和明「前田家本『三宝感応要略録』と『今昔物語集』」,『説話文学研究』(14),51—61,1979

菊地良一「経典の譬喩から説話形成への過程:『出曜経』『賢愚経』の譬喩話から『経律異相』『法苑珠林』『今昔物語集』の説話を中心にして」,『東洋文化』4,1—27,1979

藤本徳明「近代文学と『今昔物語集』との関連:取材作品覚え書」,『学報』23,A1—A9,1979

森正人「作り物語の受容と方法的背馳—今昔物語集の統一的把握をめざして」,『愛知県立大学説林』(27),24—39,1979

阿部八郎「「今昔物語集」天竺震旦部の主格助詞」,『学苑』(469),166—185,1979

松尾拾「今昔物語集研究の構想」,『日本大学人文科学研究所研究紀要』(22),21—42,1979

宮田尚「十訓抄の『今昔物語集』その一」,『日本文学研究』14,61—67,1979

西村汎子「『今昔物語』における婚姻形態と婚姻関係—高群逸枝への疑問(女性史〈特集〉)」,『歴史評論』(335),39—53,1978

平林盛得「今昔物語集原本の東大寺存在説について—鈴鹿本の一見奥書の意味するもの」,『日本歴史』(356),1—19,1978

森正人「内部矛盾から説話形成へ—今昔物語集の統一的把握をめざして」,『愛知県立大学文学部論集　国文学科編』(28),1—19,1978

高橋敬一「今昔物語集における漢字の用法」,『福岡女子短大紀要』14,215a—203a,1978

宮田尚「今昔物語集出典研究の点検(三):弘賛法華伝のばあい」,『日本文学研究』13,67—76,1978

森正人「類聚と表現の相剋—今昔物語集の統一的把握をめざして」,『国語と国文学』54(11),138—150,1977

池上洵一「「今昔物語集」の猿神退治—巻廿六第七話を中心に」,『国語と国

文学』54(11),126—138,1977

森正人「今昔物語集はいかなる成立圏から生まれたか」,『国文学　解釈と
　　教材の研究』22(11),80—84,1977

中村格魂「の飛遊と夢の世界—今昔物語集の一・二の話」,『国文学解釈と
　　鑑賞』42(10),117—122,1977

松尾拾「今昔物語集巻二七の構造(森脇一夫先生古稀記念論文集)」,『語文』
　　(43),65—80,1977

森正人「今昔物語集の基礎的研究—注好選集・私聚百因縁集との関係」,
　　『愛知県立大学文学部論集　国文学科編』(27),15—27,1977

宮田尚「今昔物語集と法苑珠林再説」,『日本文学研究』12,59—67,1977

高橋貢「『今昔物語集』撰者考：東大寺僧覚樹説をめぐって」,『日本文学研
　　究』12,45—57,1977

松尾拾「中世における怪奇譚の受容—今昔物語集の天狗・狐・猪・霊・鬼
　　について」,『語文』(41),153—164,1976

池辺実「『今昔物語集』の芸能観」,『文学研究』(43),19—27,1976

小峯和明「今昔物語集における説話受容の方法」,『国文学研究』(59),44—
　　54,1976

寺川真知夫「『霊異記』下巻六縁と『三宝絵』及び『今昔』」,『同志社国文学』
　　(11),24—35,1976

稲田浩「二今昔物語集の説話性に関する試論—玄象説話をめぐって」,『女
　　子大国文』(78),56—64,1975

森正人「大唐西域記と今昔物語集の間」,『国語と国文学』52(12),29—
　　40,1975

宮田尚「今昔物語集の標題について」,『日本文学研究』11,31—37,1975

阿部八郎「今昔物語集の引用形式—主体形式からみた史的位置」,『学苑』
　　(429),19—35,1975

福田益和「古今著聞集の表現に関する一考察：今昔物語集宇治拾遺物語と
　　の比較を通して」,『語文研究』(39,40),25—35,1975

庄司浩「『今昔物語集』の「源義家朝臣罰清原武衡等語第14」の記事」,『立正
　　史学』(39),53—55,1975

鷲見定信「今昔物語附本朝仏法部の夢について」,『宗教学年報』20,44—
　　50,1975

大坪併治「今昔物語の倒置法」,『国語学』(99),23—42,1974

八木毅「今昔物語撰者は日本霊異記をどのやうに受容しているか」,『愛知
　　県立大学説林』(23),12—27,1974

池辺実「『今昔物語集』天竺説話の方法について」,『文学研究』(39),15—
　　29,1974

対談「池田大作古典を語る- 7 -転換期の世界と人間―『今昔物語集』の世界-
　　上-根本誠」,『潮』(180),218—229,1974

国島浩正「『今昔物語』にみる武将の理想像―その「思量」について」,『四国
　　学院大学論集』(29),1—12,1974

八木毅「今昔物語における『霊異記』の受容- 8 -」,『愛知県立大学文学部論集
　　国文学科編』(24),31—46,1973

池上洵一「今昔物語集の成立をめぐって―基礎的諸問題の検討」,『文学』41
　　(9),11—27,1973/09

池上洵一「今昔物語集と原話との間―欠文を手がかりに」,『日本文学』22
　　(5),64—75,1973

八木毅「今昔物語における「霊異記」の受容- 7 -」,『愛知県立大学文学部論集
　　国文学科編』(23),15—28,1972

高橋貢「「橘季通と実因僧都の話をめぐって」: 今昔物語集本朝世俗部の一
　　特色」,『国文学研究』8,61—69,1972

宮田尚「今昔物語集震旦部の標題について」,『国文学研究』8,51—60,1972

中村格「今昔「世俗の部」説話の担い手たち―「平茸」と「馬盗人」の場合を中
　　心に」,『日本文学』21(8),57—65,1972

田中久夫「地蔵信仰の伝播者の問題―『沙石集』『今昔物語集』の世界」,『日
　　本民俗学』(82),20—39,1972

高橋貢「今昔物語集の翻訳態度をめぐって―三宝感応要略録との比較か
　　ら」,『国文学研究』(47),44—57,1972

林田文子「今昔物語集の一考察: 異類婚姻譚を中心に(《特集》倉野憲司博士
　　古稀記念)」,『香椎潟』17,87—103,1972

山口康子「今昔物語集「目録」における待遇表現」,『長崎大学教育学部人文科学研究報告』(21),31—44,1972

松尾拾「茨田の重方の話—今昔物語集巻二八第一話について」,『語文』(37),151—161,1972

渥美かをる「今昔物語集巻一—巻三の性格とその製作意図について」,『愛知県立大学説林』(20),42—56,1972

今野達「今昔の本文欠話臆断—内容の推定が示唆するもの」,『専修国文』(11),21—44,1972

山口康子「今昔物語集「目録」考：その表題形式について」,『語文研究』(31、32),75—89,1971

小峯岸明「今昔物語集における漢字の用法に関する一試論—副詞の漢字表記を中心に- 2 -」,『国語学』(85),18—35,1971

原栄一「日本法華験記から今昔物語集へ：副詞の踏襲・換言・省略・付加」,『語文研究』(31、32),63—74,1971

高橋洋子「『今昔物語集』と『大和物語』『伊勢物語』との比較」,『季刊文学・語学』(60),78—90,1971

内田道夫「日本の説話と中国の説話—『日本霊異記』『今昔物語』を中心に」,『日本文化研究所研究報告』(5・6),1—27,1971

松尾拾「今昔物語集の注文について—教訓注文の場合」,『成蹊国文』(4),1—20,1971

佐原作美「今昔物語集における末法観について」,『駒澤大學文學部研究紀要』29,A12—A25,1971

岩淵匡「今昔物語集における「事无」と原典の表現—『三宝感応要略録』『日本霊異記』出典説話の場合」,『早稲田大学教育学部学術研究　国語国文学編』(19),1970

山口仲美「今昔物語集の文体について—直喩表現の分析から- 1 -」,『国語と国文学』47(11),43—58,1970

寒河江実「今昔物語集の文体—変体漢文の影響を受けた説話について」,『語文』(33),189—200,1970

三原孝子「(若人濶歩)説話文学の世界：『今昔物語集』本朝部を中心に」,『日

本文学誌要』22,69—78,1970

上岡勇司「今昔物語集における夢の位置—本朝仏法部を中心に」,『国学院
　雑誌』71(2),28—37,1970

宮田尚「今昔物語集と法苑珠林：巻六第二十話の定着をめぐって」,『国文学
　研究』(5),49—57,1970

遠藤好英「今昔物語集の文章の性格と史的位置：会話の引用の一様形式の
　考察を中心に」,『訓点語と訓点資料』(40),1—68,1970

黒部通善「今昔物語集震旦部考-2-中国仏法伝来説話と打聞集」,『同朋学
　報』(20),60—103,1969

今野達「今昔の難語をめぐる二,三の異見(新しい研究課題＝中古文学(特
　集))」,『季刊文学・語学』(52),44—52,1969

広田徹「『今昔物語集』にみる兵の系譜—特に巻二十五を中心に」,『国学院
　雑誌』70(3),13—27,1969

奥野潤「今昔物語集の霊異記出典説話」,『国語国文学研究』4,11—23,1969

池上洵一「『今昔物語集』の方法に関する一考察」,『国語国文学研究』4,1—
　10,1969

宮田尚「今昔物語集出典研究の点検：巻七第一六話のばあい」,『国文学研
　究』4,59—67,1969

本田恵子「今昔物語集本朝部の一考察：-盗人譚について-付　本朝世俗部
　(巻二十二—巻三十一)における登場人物の分類」,『香椎潟』14,32—
　45,1969

鈴木修二「今昔物語集における病者と治療者」,『日本歴史』(243),92—
　105,1968

山口佳紀「今昔物語集の形成と文体—仮名書自立語の意味するもの」,『国
　語と国文学』45(8),48—64,1968

上岡勇司「今昔物語集の一研究—歌物語関係説話を中心に」,『国学院雑誌』
　69(8),25—37,1968

黒部通善「今昔物語集震旦部考—中国仏法伝来説話の成立について」,『同
　朋学報』(17),18—37,1968

岩淵匡「今昔物語集における翻訳の問題」,『早稲田大学教育学部学術研究』

(17),213—230,1968

八木毅「今昔物語における『霊異記』の受容」,『愛知県立大学文学部論集』
(18),1—26,1967

宮田尚「今昔物語集と大唐大慈恩寺三蔵法師伝：その交渉をめぐって」,『国
文学研究』3,50—60,1967

［1］三木紀人.今昔物語集宇治拾遺物語必携［M］.東京：学灯社,1988.

［2］芳賀矢一.考証今昔物語集［M］.東京：冨山房,1913.

［3］岡本保孝.今昔物語出典攷［M］.東京：国学院大学出版部,1910.

［4］坂井衡平.今昔物語集の新研究［M］.東京：誠之堂書店,1925.

［5］国東文麿.今昔物語成立考［M］.東京：早稲田大学出版部,1978.

［6］長野嘗一.今昔物語集論考［M］.東京：笠間書院,1979.

［7］梅原猛.地獄の思想［M］.東京：集英社,1981.

［8］岩本裕.地獄めぐりの文学［M］.東京：開明書院,1979.

［9］野上俊静.国訳一切経和漢撰述部［M］.東京：大東出版社,1980.

［10］澤田瑞穂.日本人と地獄［M］.東京：春秋社,1998.

［11］黒田彰.孝子伝注解［M］.東京：汲古書院,2006.

［12］入部正純.日本霊異記の思想［M］.京都：法蔵館,1988.

［13］小林保治,李銘敬.日本仏教説話集の源流［M］.東京：勉誠出版,2007.

［14］出雲路修.説話集の世界［M］.東京：岩波書店,1988.

［15］宮田尚.今昔物語集震旦部考［M］.東京：勉誠出版,1992.

［16］原田信之.今昔物語集南都成立と唯識学［M］.東京：勉誠出版,2005.

［17］池上洵一.今昔物語集［M］.東京：和泉書店,2001.

［18］小峯和明.今昔物語集形成と構造［M］.東京：笠間書院,1985.

［19］片寄正義.今昔物語集の研究［M］.東京：芸林社,1974.

［20］速水侑.地獄と極楽［M］.東京：吉川弘文館,1998.

［21］後藤昭雄.金剛寺本『三宝感応要略録』の研究［M］.東京：勉誠出版,2007.

人名索引

　　2006 年 3 月,拙译《今昔物语集》由万卷出版公司出版发行,作为全世界首部全译本,日本《读卖新闻》《每日新闻》《京都新闻》等媒体做了报道。此后,笔者对《今昔物语集》的欠卷问题、僧灵验起始问题、孝子故事构成问题、《冥报记》的位置问题等悬而未决的问题进行了研究,取得了些许成果,一直有意集结成册出版。如今承蒙浙江工商大学东亚学院东亚佛教文化研究中心的关照,得以付梓,在此深表感谢。

　　京都女子大学的旅日学者刘小俊教授为本书提供了帮助,不胜感激。

　　感谢日本大谷大学的小川一乘教授、木村宣彰教授、村上学教授、石桥义秀教授、沙加户弘教授、池田敬子教授、大秦一浩教授。感谢清原和义教授、身崎寿教授、大谷雅夫教授、山田真一教授。感谢留日学习期间桥本循奖学金、平和中岛财团奖学金提供的资助。感谢石桥博人、渡壁穗瑞、松冈道子等好友提供的帮助。感谢我们的家人。

2021 年 3 月 10 日于蓉城